Sicher durch die Jägerprüfung

Heintges Lernheft

Waffenrecht

mit dem gesamten Lern- und Prüfungsstoff
für dieses Fachgebiet

PREMIUM DJV PARTNER

heintges

Impressum

Im vorliegenden Lernheft ist der gesamte Lehr- und Prüfungsstoff für dieses Fachgebiet zusammengestellt. Der Inhalt ist einprägsam und strukturiert aufgebaut. Der Lernstoff ist klar gegliedert und in kleine Lerneinheiten aufgeteilt. Zusätzlich erleichtern zahlreiche Tabellen und Zusammenfassungen das Lernen.

Unser gesamtes Lernprogramm finden Sie unter:
heintges-shop.de

Titelfoto:
© MIGUEL GARCIA SAAVED / stock.adobe.com

Waffenrecht

Entwicklung und Konzeptionierung:	Dipl.- Ing. Friedhelm Heintges
Fachliche Bearbeitung:	Gerd Heilmann Charlotte Priner, Rechtsanwältin
Umschlaggestaltung:	Medienimpuls GmbH Wunsiedel
Satz / Layout:	Heintges Lehr- und Lernsystem GmbH
Druck:	Medienhaus Weiden, Spintler Druck und Verlag GmbH Hochstraße 21, 92637 Weiden

16. Auflage 2023
ISBN-Nr.: 978-3-949007-29-3

Printed in Germany

Geschäftsführung:
Barbara Heintges, Michael Ultsch
Leopoldstraße 4, 95615 Marktredwitz
Tel.: 09231/4198 - Fax: 09231/4199
heintges-shop.de
kontakt@heintges-system.de

Vorwort

Das Bestehen der schwierigen Jägerprüfung hängt von vielen Faktoren ab. Ein wichtiger Faktor ist eine systematische Vorbereitung. Dies hat den größten Erfolg wenn die Lehr- und Lernunterlagen aufeinander abgestimmt sind. Eine Vielzahl der Ausbildungsleiter und Dozenten nutzen die Vortragsunterlagen des Heintges Lehr- und Lernsystems und empfehlen für die Lehrgangsteilnehmer unsere Lernhefte.

Das Waffenrecht beschäftigt einen Jagdscheininhaber ab dem ersten Tag nach Bestehen der Jägerprüfung bis zu dem Tag an dem er die Waffen abgibt. Verstöße gegen waffenrechtliche Vorschriften stellen in aller Regel eine Straftat mit erheblichen Geld- oder sogar Freiheitsstrafen dar.

Insbesondere ist das Waffenrecht mit dem Bundesjagdgesetz verknüpft. Ein Verstoß gegen waffenrechtliche Vorschriften führt zur Unzuverlässigkeit nach dem Waffengesetz und in aller Regel zur Unzuverlässigkeit nach dem Bundesjagdgesetz.

Neben den jagdpraktischen Fächern sind auch gute Rechtskenntnisse zum Bestehen der Jägerprüfung notwendig. Das Lernheft Waffenrecht vermittelt nicht nur die Kenntnisse die zum Bestehen der Prüfung notwendig sind. Vielmehr stellt dieses Lernheft ein Nachschlagewerk zu den waffenrechtlichen und beschussrechtlichen Problemen dar, mit denen ein Jagdscheininhaber bei der Jagdausübung konfrontiert wird.

In diesem Lernheft sind nicht nur die Vorschriften des Waffengesetzes eingearbeitet, sondern auch die Vorschriften der Allgemeinen Waffengesetzverordnung und der Verwaltungsvorschrift zum Waffengesetz. Gleiches gilt für das Beschussgesetz und der Beschussverordnung.

Im Anhang ist ein Lexikon mit den Definitionen waffenrechtlich relevanter Begriffe eingefügt.

Da alle gesetzlichen Regelungen einem ständigen Wandel unterworfen sind, befinden sich am Ende des Lernhefts die Internet-Adressen unter denen die tagesaktuellen waffen- und beschussrechtlichen Vorschriften nachzulesen sind.

Das Heintges Lehr- und Lernsystem bietet jedem Jagdscheinanwärter umfangreiche, dem aktuellen Ausbildungsstoff angepassten Unterrichtsunterlagen, die mit einer durchdachten Gliederung und einprägsamen Darstellungen das Lernen erleichtern und auch später als Nachschlagewerk dienen können. Das Lehr- und Lernsystem wird ständig aktualisiert und so den Änderungen der Prüfungsanforderungen angepasst.

Um sich optimal auf Ihre Jägerprüfung vorbereiten zu können, finden Sie im Heintges-Jagdtrainer die Original-Prüfungsfragen-Pools der einzelnen Bundesländer. Weitere Informationen zum Heintges-Jagdtrainer finden Sie unter *jagdtrainer.de.*

So ergänzen die Lernhefte und der Heintges-Jagdtrainer den theoretischen und praktischen Unterricht und sind eine gute Voraussetzung zum Bestehen der Prüfung.

Wir wünschen allen Kursteilnehmern, Ausbildern und Lesern viel Erfolg und sind für Anregungen und Verbesserungsvorschläge dankbar.

Gerd Heilmann

Abkürzungen:

AWaffV	Allgemeine Waffengesetz-Verordnung
BeschG	Beschussgesetz
BGB	Bürgerliches Gesetzbuch
BJagdG	Bundesjagdgesetz
KWKG	Kriegswaffenkontrollgesetz
PTB	Physikalische Technische Bundesanstalt
StGB	Strafgesetzbuch
UA	Unterabschnitt
UVV	Unfallverhütungsvorschrift
WaffG	Waffengesetz
WaffVwV	Allgemeine Verwaltungsvorschrift zum Waffengesetz
WaffRG	Waffenregistergesetz
WBK	Waffenbesitzkarte

Inhalt

Einführung in die Gesetzessystematik

Im Jahr 2003 wurde das Waffenrecht neu geregelt und im Vergleich zu früheren Fassungen in vielen Bereichen (z. B. Aufbewahrung) verschärft. Es gab aber auch Erleichterungen (z. B. Erwerb von Einsteckläufen). Das Waffenrecht beinhaltet die Regelung des Umgangs mit Waffen und Munition unter Berücksichtigung der Belange der öffentlichen Sicherheit und Ordnung (§ 1 I WaffG).

I. Waffengesetz

II. Anlage 1 zum Waffengesetz (zu § 1 IV WaffG)

Abschnitt 1: **Waffen- und munitionstechnische Bestimmungen, Einstufung von Gegenständen**
Unterabschnitt 1: **Schusswaffen** (beispielhaft)
Schusswaffen, Wesentliche Teile, Repetierwaffen, Langwaffen
Unterabschnitt 2: **Tragbare Gegenstände**
Unterabschnitt 3: **Munition und Geschosse**

Abschnitt 2: **Waffenrechtliche Begriffe**
Erwerben, Besitzen, Überlassen, Führen, Verbringen, Mitnehmen, Schießen, Herstellen / Bearbeiten

Abschnitt 3: **Einteilung der Schusswaffen oder Munition**
in die Kategorien A bis D nach der Waffenrichtlinie

III. Anlage 2 zum Waffengesetz (zu § 2 II bis IV WaffG)

Waffenliste

Abschnitt 1: **Verbotene Waffen**
Abschnitt 2: **Erlaubnispflichtige Waffen**
Unterabschnitt 1: Erlaubnispflicht
Unterabschnitt 2: Erlaubnisfreie Arten des Umgangs
Unterabschnitt 3: Entbehrlichkeit einzelner Erlaubnisvoraussetzungen
Abschnitt 3: **Vom Gesetz ganz oder teilweise ausgenommene Waffen**

IV. Allgemeine Waffengesetzverordnung

V. Verwaltungsvorschrift
Die Verwaltungsvorschrift kann z. B. unter *http://vdb-waffen.de/de/service/rechtsfragen* und *waffengesetz/waffenverwaltungsvorschrift.html* nachgelesen werden.

Erläuterungen

Wo steht was?
Im Jahr 2003 trat das Waffenrecht in neu gestalteter Form in Kraft. Leider wurde es dabei nicht transparenter und handhabbarer. Im Gegenteil, es brachte für Jäger, Sportschützen und Sammler viele Veränderungen und Verschärfungen mit sich. Daher soll an dieser Stelle zunächst ein grober Überblick über das neue Waffenrecht und seinen Aufbau gegeben werden, damit man nötigenfalls zumindest weiß, wo man nachlesen kann.

Folgende Normen sind relevant:

- **Waffengesetz des Bundes (WaffG)**
  Darin wird, wie in § 1 WaffG beschrieben, der Umgang mit Waffen oder Munition geregelt, wobei die Belange der öffentlichen Sicherheit und Ordnung berücksichtigt werden. Auf den internen Aufbau des Waffengesetzes wird später noch eingegangen.

- **Anlage 1 zum Waffengesetz**
  Diese Anlage enthält im Wesentlichen Definitionen und Begriffsbestimmungen.

- **Anlage 2 zum Waffengesetz**
  Die Anlage 2 enthält eine Waffenliste aus der zu ersehen ist, ob eine Waffe im Einzelfall verboten ist, oder ob der Umgang mit ihr Beschränkungen unterliegt und wenn ja, welchen.

- **Allgemeine Waffenverordnung (AWaffV)**
  Die AWaffV soll die Regelungen des Waffengesetzes konkretisieren und damit sowohl den mit dessen Vollzug beauftragten Behörden, aber auch dem Bürger inhaltliche und verfahrensrechtliche Maßstäbe an die Hand geben. Sie enthält beispielsweise Bestimmungen darüber, wie die waffenrechtliche Sachkunde erworben wird, über die Benutzung von Schießstätten und über die Ausbildung zur Verteidigung mit Schusswaffen.

- **Allgemeine Waffenverwaltungsvorschrift (WaffVwV)**
  Abstrakt-generelle Regelungen der Verwaltungsorganisationen die das Organisieren und Handeln der Verwaltung bestimmen.

Interner Aufbau des Waffengesetzes (WaffG)
Das Waffengesetz gliedert sich in sechs Gesetzesabschnitte. Der **erste Abschnitt** regelt den Gegenstand des Gesetzes (Umgang mit Waffen oder Munition), enthält Definitionen und skizziert die Grundsätze des Umgangs mit Waffen und Munition. So wird z. B. geregelt, dass grundsätzlich nur Personen, die das 18. Lebensjahr vollendet haben, mit Waffen und Munition umgehen dürfen (§ 2 I WaffG). Aber kein Grundsatz ohne Ausnahmen: in §§ 3, 13 VII, VIII, 27 III bis VII WaffG wird festgelegt, wann Kinder und Jugendliche mit Waffen und Munition umgehen dürfen. Ferner ist in diesem Abschnitt geregelt, dass der Umgang mit Waffen und Munition, die in der Anlage 2 (Waffenliste) Abschnitt 2 genannt sind, einer Erlaubnis bedürfen. Zur Verdeutlichung sei Folgendes erklärt: in Anlage 2 Abschnitt 2, UA 1 ist festgelegt, dass der Umgang mit Waffen im Sinne des § 1 II WaffG (dies sind Schusswaffen und ihnen gleichgestellte Gegenstände, definiert sind diese in der Anlage 1 Abschnitt 1), immer der Erlaubnis bedarf.

Auch hier gibt es Ausnahmen:

Zum Einen enthält die Waffenliste für bestimmte Waffen, Munitionsarten und Arten des Umgangs Ausnahmen von der Erlaubnispflicht. Hier sind beispielsweise der Erwerb und Besitz von Druckluft- und Federdruckwaffen zu nennen, deren Geschossen eine Bewegungsenergie von unter 7,5 Joule erteilt wird. Zum Anderen gibt es im Waffengesetz Privilegierungen für bestimmte Personengruppen, z. B. für Jäger und Sportschützen. So kann ein Jäger z. B. Langwaffen und Munition ohne behördliche Erlaubnis erwerben (vgl. § 13 III, V WaffG). Auch darf er die Waffe zum Zwecke der Jagdausübung ohne Erlaubnis führen (§ 13 VI WaffG). Ferner wird auf die verbotenen Waffen, die in Anlage 2 Abschnitt 1 genannt sind, verwiesen.

Der **zweite Abschnitt** ist mit „Umgang mit Waffen oder Munition“ überschrieben und enthält die allgemeinen Voraussetzungen für Waffen- und Munitionserlaubnisse, Erlaubnisse für einzelne Arten des Umgangs mit Waffen und Munition sowie besondere Erlaubnistatbestände für bestimmte Personengruppen, z. B. Jäger und Sportschützen. Darüber hinaus werden auch das Verbringen und die Mitnahme von Waffen und Munition in den, durch den oder aus dem Geltungsbereich des Gesetzes geregelt. Begriffe wie Zuverlässigkeit, Sachkunde, persönliche Eignung und Ausnahmen von Erlaubnispflichten werden hier behandelt.

Erläuterungen

Im **dritten Abschnitt** sind sonstige waffenrechtliche Vorschriften enthalten wie z. B. Erhebung und Übermittlung personenbezogener Daten, Rücknahme und Widerruf von Erlaubnissen etc.

Der **vierte Abschnitt** enthält die Straf- und Bußgeldvorschriften.

Im **fünften Abschnitt** sind die Ausnahmen von der Anwendung des Gesetzes geregelt.

Der **sechste Abschnitt** ist den Übergangsvorschriften und Verwaltungsvorschriften gewidmet.

Waffen im Sinne des Gesetzes

Was sind Waffen im Sinne des Waffengesetzes (§ 1 II WaffG)?

§ 1 II Nr. 1 WaffG in Verbindung mit Anlage 1 Abschnitt 1 UA 1

Schusswaffen
(Nr. 1.1.)

den Schusswaffen gleichgestellte Gegenstände
(Nr. 1.2.)

Wesentliche Teile
(1.3. und 3.)

§ 1 II Nr. 2 WaffG in Verbindung mit Anlage 1 Abschnitt 1 UA 2

Tragbare Gegenstände
(§ 1 II Nr. 2 WaffG)

Typische Waffen (Nr. 2 a),
die ihrem Wesen nach dazu bestimmt sind, die Angriffs- oder Abwehrfähigkeit von Menschen zu beseitigen oder herabzusetzen (insbesondere Hieb- und Stoßwaffen)

Beispiele:
Säbel, Degen, Totschläger, Reizstoffsprühgeräte, Präzissionsschleudern, Drosseln, Elektroimpuls-geräte (Anlage 1 UA 2 Nr. 1)

A-typische Waffen (Nr. 2 b),
die ohne wesensmäßig dazu bestimmt zu sein wegen ihrer Handhabung, Beschaffenheit oder Wirkungweise dazu geeignet sind, die Angriffs- oder Abwehrfähigkeit von Menschen zu beseitigen oder herabzusetzen und im WaffG genannt sind

Beispiele:
Springmesser, Fallmesser, Faustmesser
(Anlage 1 UA 2 Nr. 2)

Waffen im Sinne des Gesetzes

Schusswaffen

Schusswaffen sind Gegenstände, bei denen **Geschosse** durch einen **Lauf** getrieben werden.
Sie dienen
- zum Angriff oder zur Verteidigung
- zur Signalgebung
- **zur Jagd**
- zur Distanzinjektion
- zur Markierung
- zum Sport oder Spiel

(vergleiche Anlage 1 Unterabschnitt 1 Nr. 1.1)

Den **Schusswaffen gleichgestellte Gegenstände** sind **tragbare Gegenstände**,
- die zum Abschießen von Munition bestimmt sind oder
- bei denen feste Körper gezielt verschossen werden (Beispiel Armbrust)

Sie müssen den gleichen Zwecken wie die Schusswaffen dienen.
(vergleiche Anlage 1 Unterabschnitt 1 Nr. 1.2)

Wesentliche Teile
Wesentliche Teile von Schusswaffen und Schalldämpfer stehen vorbehaltlich anderer gesetzlicher Bestimmungen **den Schusswaffen gleich**, für die sie bestimmt sind.

Wesentliche Teile sind z. B. :
- Lauf *)
- Gehäuse (das Bauteil, welches den Lauf, die Abzugsmechanik und den Verschluss aufnimmt
- Verschluss
- Patronenlager, sofern nicht Bestandteil des Laufes
- bei Kurzwaffen das Griffstück

Keine wesentliche Teile sind z. B.:
- Schalldämpfer

Feuerwaffen
Zum Antrieb der Geschosse werden heiße Gase verwendet.
Dazu zählen:
- Schusswaffen
- Gegenstände, die zum Abschießen von Munition bestimmt sind
- automatische Schusswaffen (halb- und vollautomatische Schusswaffen) **Beachte:** halbautomatische Schusswaffen sind für die Jagd zulässig
- Repetierwaffen
- Langwaffen
- Einzelladerwaffen (z. B. Drilling)
- Schreckschusswaffen
- Reizstoffwaffen
- Signalwaffen

(Schreckschusswaffen, Reizstoffwaffen und Signalwaffen: sind den Schusswaffen gleichgestellt)

(vergleiche Anlage 1 Unterabschnitt 1 Nr. 2)

*) Ein Waffenlauf liegt dann vor, wenn das führende Laufteil mindestens das Zweifache des Kalibers beträgt.

Verlust der Schusswaffeneigenschaft

Die Schusswaffeneigenschaft geht dann verloren, wenn **alle wesentlichen Teile dauerhaft unbrauchbar** gemacht worden sind, d. h. die Schussfähigkeit mit allgemein gebräuchlichen Werkzeugen nicht mehr hergestellt werden kann. Umgang mit einer Schusswaffe hat auch, wer diese unbrauchbar macht.

Erläuterungen

Was sind Waffen?
Zu den Waffen zählen einerseits **Schusswaffen** und ihnen **gleichgestellte Gegenstände** (Anlage 1 Abschnitt 1 UA 1) sowie andererseits **tragbare Gegenstände** mit bestimmten Eigenschaften (vgl. §§ 1 II Nr. 1 und Nr. 2 a, b; Anlage 1 Abschnitt 1 UA 2). Definiert wird der Begriff der **Waffe als ein Gegenstand, dessen Zweck darin besteht, bei einem Kampf als Angriffs- oder Verteidigungsmittel zu dienen**. Miteinbezogen werden auch **Waffen, die zum Sport, Spiel oder zur Jagd dienen**, aber auch die der Distanzinjektion - also Tätigkeiten, die mit Angriff oder Verteidigung primär nichts zu tun haben.

Schusswaffen
Unter Schusswaffen versteht man **Gegenstände, bei denen Geschosse durch einen Lauf getrieben** werden. Daraus folgt zwingend, dass ein Lauf vorhanden sein muss. Ein **Lauf** ist ein aus einem festen Werkstoff bestehender rohrförmiger Gegenstand, der an beiden Seiten eine Öffnung hat und Geschossen, die hindurchgetrieben werden, eine Richtung gibt.

Geschosse sind zum einen **feste Körper**, zum anderen **gasförmige, flüssige** oder **feste Stoffe in festen Umhüllungen**, die als Waffen oder für Schusswaffen bestimmt sind, die bloße Eignung hierfür genügt nicht. **Schusswaffen dienen zum Angriff oder zur Verteidigung, zur Signalgebung, zur Jagd, zur Distanzinjektion, zur Markierung und zu Sport und Spiel** (vgl. Anlage 1, Abschnitt 1 UA 1.1).

Feuerwaffen sind Schusswaffen, bei denen zum Antrieb der Geschosse **heiße Gase** verwendet werden. Dies ist z. B. bei Repetierwaffen, Einzelladerwaffen der Fall (vgl. Anlage 1 Abschnitt 1 UA 1 Nr. 2). Gegenstände, die zum Abschießen von Munition, für die Zwecke wie bei den Schusswaffen, bestimmt sind und solche Gegenstände, bei denen bestimmungsgemäß feste Körper gezielt verschossen werden, deren Antriebsenergie durch Muskelkraft eingebracht und durch eine Sperrvorrichtung gespeichert werden kann (z. B. Armbrüste), stehen den Schusswaffen gleich. Feste Körper werden z. B. mit einer Armbrust verschossen, somit ist auch diese ein einer Schusswaffe gleichgestellter Gegenstand, allerdings ist diese von dem Erfordernis einer Erlaubnis freigestellt (vgl. Anlage 2 Abschnitt 2 UA 2).

Druckluftwaffen sind Schusswaffen, bei denen zum Antrieb **kalte Gase** verwendet werden, deshalb zählen sie nicht hierzu.

Zu beachten ist in diesem Zusammenhang, dass man auch für den **Umgang mit erlaubnisfreien Waffen das 18. Lebensjahr vollendet** haben muss.

Wesentliche Teile von Schusswaffen und Schalldämpfer stehen den Schusswaffen, für die sie bestimmt sind, gleich (vgl. Anlage 1 Abschnitt 1 UA 1 Nr. 1.3.). Aus dieser Formulierung geht hervor, dass **Schalldämpfer nicht wesentliche Teile von Schusswaffen** sind. Man versteht darunter Vorrichtungen, die für Schusswaffen bestimmt sind und die der wesentlichen Dämpfung des Mündungsknalls dienen.

Wesentliche Teile einer Schusswaffe sind der Lauf, der Verschluss, das Gehäuse, das Kartuschen- oder Patronenlager. Bei Kurzwaffen zählen auch das Griffstück und sonstige Waffenteile, die für die Aufnahme des Auslösemechanismus bestimmt sind, zu den wesentlichen Teilen. Auch vorgearbeitete wesentliche Teile wie z. B. Teilstücke von Läufen oder Laufrohlinge gelten als wesentliche Teile, wenn sie mit allgemein gebräuchlichen Werkzeugen fertiggestellt werden können. Weitere wesentliche Teile sind z. B. Wechselläufe, Austauschläufe, Einsteckläufe oder Wechseltrommeln (vgl. Anlage 1 Abschnitt 1 UA 1 Nr. 3). Eine Schusswaffe ist dann **keine Schusswaffe mehr, wenn alle wesentlichen Teile dauerhaft unbrauchbar gemacht** wurden und die Schussfähigkeit mit allgemein gebräuchlichem Werkzeug nicht mehr hergestellt werden kann.

Zu den Waffen zählen auch tragbare Gegenstände, die zum Einen ihrem Wesen nach dazu bestimmt sind, die Angriffs- oder Abwehrfähigkeit von Menschen zu beseitigen oder herabzusetzen, insbesondere Hieb- und Stoßwaffen (z. B. Dolche, Degen, Florett, Gummiknüppel, Schlagstock; § 1 II Nr. 2 a WaffG), aber auch Elektroimpulsgeräte, Reizstoffsprühgeräte oder Präzisionsschleudern (vgl. Anlage 1 Abschnitt 1 UA 2 Nr. 1). Zum Anderen gehören zu den Waffen **tragbare Gegenstände, die ohne wesensmäßig dazu bestimmt zu sein, aufgrund ihrer Handhabung, Beschaffenheit oder Wirkungsweise dazu geeignet sind, die Angriffs- oder Abwehrfähigkeit von Menschen zu beseitigen oder herabzusetzen** und in diesem Gesetz genannt sind (§ 1 II Nr. 2 b WaffG). Dazu zählen z. B. Springmesser, Fallmesser, Faustmesser, Butterflymesser (vgl. Anlage 1 Abschnitt 1 UA 2 Nr. 2).

Formen des Umgangs mit Waffen und Munition

Im Sinne des Gesetzes (§ 1 III WaffG) hat Umgang mit Waffen oder Munition, der sie ...

erwirbt *)

Erlangung der tatsächlichen Gewalt

besitzt

Ausübung der tatsächlichen Gewalt

überlässt

Tatsächliche Gewalt wird einem Anderen eingeräumt

führt

Ausübung der tatsächlichen Gewalt außerhalb der eigenen Wohnung oder der eigenen Geschäftsräume oder des eigenen befriedeten Besitztums oder eines Schießstandes

Unter **tatsächlicher Gewalt** versteht man die Möglichkeit, nach eigenem Willen auf eine Waffe oder Munition zugreifen zu können, mit ihr umzugehen oder sie benutzen zu können.

*) Der **Erwerb** einer Waffe, also die Erlangung der tatsächlichen Gewalt über sie, muss nicht auf einem Rechtsgeschäft beruhen (z. B. Kauf oder Leihe). Es erwirbt auch derjenige eine Waffe, der sie findet, stiehlt oder erbt.

Formen des Umgangs mit Waffen und Munition

Im Sinne des Gesetzes (§ 1 III WaffG) hat Umgang mit Waffen oder Munition, der sie ...

verbringt

Transport über die Grenze zum dortigen Verbleib oder mit dem Ziel des Besitzwechsels;
auf Dauer ausgerichtet
(vergleiche §§ 30, 31 WaffG)

mitnimmt

Waffe oder Munition wird ohne Aufgabe des Besitzes, vorübergehend zur Verwendung über die Grenze in den, durch den oder aus den Geltungsbereich des Gesetzes gebracht (vergleiche § 32 WaffG)

schießt

- Schusswaffe:
  Verschießen von Geschossen durch den Lauf
- Abschuss von Kartuschenmunition
- Verschießen von Reizstoffen oder anderen Wirkstoffen oder pyrotechnischer Munition mit Patronen- oder Kartuschenmunition

herstellt

wer Waffen und Munition herstellt

bearbeitet | **in Stand setzt**

z. B. Verkürzen der Waffe,
Änderung der Schussfolge,
Austausch wesentlicher Teile

Kein Bearbeiten ist das Austauschen von Wechsel- oder Austauschläufen sowie der zugehörigen Verschlüsse.

handelt

- gewerbsmäßiger An- und Verkauf, Überlassen von Schusswaffen und Munition
- Entgegennahme von Bestellungen
- Vermittlung von Erwerb, Vertrieb oder Überlassen von Munition und Schusswaffen

Erläuterungen

Formen des Umgangs mit Waffen und Munition (§ 1 III WaffG)
Alle waffenrechtserheblichen Tätigkeiten werden im Waffenrecht mit dem Oberbegriff des Umgangs bezeichnet (vgl. § 1 III WaffG). Darunter fallen im Einzelnen Erwerb, Besitz, Überlassen, Verbringen, Mitnahme, Schießen, Herstellen, Bearbeiten, Instandsetzung und Handel mit Waffen oder Munition. Die einzelnen Umgangsformen werden auch in der Anlage 1 Abschnitt 2 Nr. 1 bis 9 erläutert, sollen jedoch hier im Überblick dargestellt werden. Bei vielen Umgangsformen spielt der Begriff der „tatsächlichen Gewalt" eine Rolle.

Unter tatsächlicher Gewalt versteht man die Möglichkeit, nach eigenem Willen auf eine Waffe oder Munition zugreifen zu können, mit ihr umgehen oder sie benutzen zu können.

Erwerb:
Wer die tatsächliche Gewalt über eine Waffe oder Munition erlangt, hat diese erworben. Dies ist immer dann der Fall, wenn er auf die Waffe jederzeit zugreifen kann und sich darüber auch bewusst ist. Unerheblich ist dabei, ob der Erlangung der tatsächlichen Gewalt ein Rechtsgeschäft zugrunde liegt. Vielmehr hat auch der die Waffe oder Munition erworben, der sie z. B. gefunden, gestohlen oder geerbt hat. Auch durch Leihe oder Miete wird die tatsächliche Gewalt über eine Waffe oder Munition begründet.

Besitz:
Wer die tatsächliche Gewalt über eine Waffe oder Munition ausübt, besitzt diese. Der Zustand des Besitzes ist im Regelfall der länger andauernde, wohingegen der Erwerb nur den Moment der Erlangung der tatsächlichen Gewalt erfasst.

Überlassen:
Wird die tatsächliche Gewalt über eine Waffe oder Munition einem Anderen eingeräumt, so spricht man von Überlassen. An diesem Vorgang sind regelmäßig zwei Personen beteiligt, nämlich ein Gebender und ein Nehmender. Von Überlassen spricht man auch dann, wenn einer anderen Person die Möglichkeit eingeräumt wird, sich der Waffe oder Munition selbstständig zu bedienen, z. B. Mann händigt Ehefrau Zweitschlüssel zum Waffenschrank aus.

Führen:
Eine Waffe führt derjenige, der außerhalb seiner Wohnräume, seiner Geschäftsräume oder seines befriedeten Besitztums (z. B. eingezäunter Garten) oder eines Schießstandes, die tatsächliche Gewalt über sie ausübt. Unerheblich ist dabei, ob er dabei die Absicht haben muss, mit einer Waffe ausgerüstet zu sein. Unerheblich ist ebenfalls, ob die Waffe zugriffs- oder schussbereit ist oder ob die dazugehörige Munition mitgeführt wird.

Verboten ist das Führen von Waffen bei öffentlichen Veranstaltungen wie Sportfesten, öffentliche Versammlungen, Ausstellungen, Märkten und Volksfesten (vgl. § 42 WaffG).

Verbringen:
Eine Waffe verbringt, wer sie in, durch oder aus dem Geltungsbereich des Waffengesetzes transportiert oder transportieren lässt. Dabei ist der Verbleib über der Grenze und / oder der Besitzwechsel auf Dauer angestrebt.

Mitnahme:
Eine Waffe nimmt mit, wer diese vorübergehend auf einer Reise ohne Aufgabe des Besitzes über die Grenze in, durch oder aus dem Geltungsbereich des Waffengesetzes bringt. Nur der Transport in Deutschland ist keine Mitnahme, sondern fällt unter Transport. Wie Waffen und Munition zu transportieren sind, wird später behandelt.

Schießen:
Mit einer Schusswaffe schießt, wer Geschosse aus einem Lauf verschießt, Kartuschenmunition abschießt, mit Patronen- oder Kartuschenmunition Reiz- oder andere Wirkstoffe verschießt oder pyrotechnische Munition verschießt. Diese Aufzählung umfasst alle Schussmöglichkeiten, die mit Schusswaffen ausführbar sind. Nicht eingeschlossen ist dabei das Schießen mit anderen Geräten als Schusswaffen und diesen Waffen gleichgestellten Gegenständen.

Herstellen:
Waffen und Munition werden hergestellt, wenn aus Rohteilen und Materialien ein Endprodukt oder wesentliche Teile eines Endproduktes erzeugt werden; als Herstellen von Munition gilt auch das Wiederladen von Hülsen. Unter der Herstellung von Munition versteht man die Fertigstellung zum Gebrauch (= Schießen),

Erläuterungen

das gewerbsmäßige Wiederladen von Hülsen (das nicht gewerbsmäßige Wiederladen von Hülsen unterliegt den Bestimmungen des Sprengstoffgesetzes), das Laden von Hülsen mit Zünd- und Treibsatz und das Einsetzen des Geschosses bei Patronenmunition. Unter Waffenherstellung versteht man die industrielle und handwerksmäßige Fertigung von Schusswaffen und Munition.

Bearbeiten:
Unter Bearbeitung von Schusswaffen versteht man insbesondere deren Verkürzung, Veränderung der Schussfolge, Veränderung der Gestalt, dass andere Munition oder Geschosse anderer Kaliber verschossen werden können. Eine Waffe wird auch dann bearbeitet, wenn wesentliche Teile (z. B. Läufe) ausgetauscht werden und dadurch Nacharbeiten anfallen. Geringfügige Veränderungen, besonders an Schaft oder Zieleinrichtungen, die die Funktionsweise der Schusswaffe nicht wesentlich beeinträchtigen, fallen nicht unter den Begriff der Bearbeitung. Auch der Austausch von Wechsel- oder Austauschläufen und der dazugehörigen Verschlüsse ist keine Bearbeitung.

Instand setzen:
Eine beschädigte oder mangelbehaftete Waffe wird instandgesetzt, indem ihre Schussfähigkeit, also ihre Brauchbarkeit wieder hergestellt wird.

Waffenhandel:
Waffenhandel treibt, wer gewerbsmäßig, im Rahmen einer wirtschaftlichen Unternehmung Schusswaffen und Munition kauft, verkauft, bestellt, anderen überlässt oder den Erwerb, das Überlassen oder den Vertrieb vermittelt.

Grundsätze des Umgangs mit Waffen oder Munition

Allgemeines

Beim Umgang mit Waffen oder Munition gelten die in § 2 WaffG festgelegten Grundsätze.

Sie lauten im Einzelnen:
- Der Umgang mit Waffen oder Munition ist nur Personen gestattet, die das 18. Lebensjahr vollendet haben (§ 2 I WaffG).
- Der Umgang mit Waffen und Munition, die in der Anlage 2 Abschnitt 2 zum Waffengesetz genannt sind, bedarf der Erlaubnis (§ 2 II WaffG; siehe Kapitel 5).
- Der Umgang mit Waffen und Munition, die in Anlage 2 Abschnitt 1 („Verbotene Waffen") genannt sind, ist verboten (siehe Kapitel 6).
- In der Anlage 2 Abschnitt 1 und 2 sind Waffen und Munition genannt, die ganz oder teilweise von der Erlaubnispflicht oder dem Verbot ausgenommen sind. Im Abschnitt 3 sind Waffen und Munition genannt, die nicht unter das Waffengesetz fallen.

Alterserfordernis

Grundsätzlich dürfen nur Personen Umgang mit Waffen oder Munition haben, die das 18. Lebensjahr vollendet haben. Von diesen Grundsätzen sieht das Waffengesetz Ausnahmen für den erlaubnisfreien Umgang mit Waffen und Munition durch Minderjährige vor (vergleiche §§ 3, 13 VII, VIII, 27 III bis VII WaffG).

Allgemeine Ausnahmen

Ausnahme § 3 WaffG

Arbeits- oder Ausbildungsverhältnis

Jugendliche dürfen im Rahmen eines Arbeits- oder Ausbildungsverhältnisses unter Aufsicht eines weisungsbefugten Waffenberechtigten mit Waffen oder Munition umgehen (§ 3 I WaffG; Büchsenmacherlehrling).

Reizstoffsprühgeräte

Jugendliche dürfen Umgang mit zugelassenen Reizstoffsprühgeräten haben (§ 3 II WaffG). Dies soll dem sicherheitsrechtlichen Bedürfnis von Jugendlichen Rechnung tragen, im Notwehrfall eine Abwehrmöglichkeit zu haben, die unterhalb der Schwelle von Schusswaffen oder Hieb- und Stoßwaffen liegen.

Grundsätze des Umgangs mit Waffen oder Munition

Die besonderen Ausnahmeregelungen im Einzelnen (§ 13 WaffG)

Ausnahme § 13 VII WaffG

Inhaber eines Jugendjagdscheins

Grundsatz
Verbot der Erteilung einer waffenrechtlichen Erlaubnis zum Erwerb und Besitz, aber

Umgang
(erwerben, besitzen, führen und schießen) mit Waffen und Munition **ohne Erlaubnis nur für den Kernbereich der jagdlichen Tätigkeit** (für die Dauer der Jagdausübung oder des Trainings im jagdlichen Schießen inklusive Schießwettkämpfen).

Im **Randbereich der jagdlichen Tätigkeit** (= Tätigkeiten, die im Zusammenhang mit den oben genannten Tätigkeiten stehen) darf die Jagdwaffe **ohne Erlaubnis in nicht schussbereitem Zustand geführt werden.** (siehe Kapitel 13)

Ausnahme § 13 VIII WaffG

Personen in der Jägerausbildung

Erlaubnisfreier Umgang (erwerben, besitzen, führen; Schießen ist in § 27 WaffG geregelt) nur mit **nicht schussbereiten Waffen,**

- wenn ein enger **Zusammenhang mit der Ausbildung** besteht
- unter **Aufsicht** des Ausbilders

Zusätzlich gilt für Jugendliche mit einem Mindestalter von 14 Jahren:

- mit **Einverständnis von Ausbildungsleiter und Sorgeberechtigten** (bei Minderjährigen) in Form einer **Berechtigungsbescheinigung,** die bei der konkreten Tätigkeit mit sich zu führen ist, z. B. Waffenhandhabungstraining (siehe Kapitel 12)

Grundsätze des Umgangs mit Waffen oder Munition

§ 27 III bis VII WaffG
Beaufsichtigtes Schießen Minderjähriger (§ 27 III WaffG)

Kinder bis 14 Jahre

- Schießen auf Schießstätten
- unter Obhut des zur Aufsichtsführung berechtigten Sorgeberechtigten oder Verantwortlicher und zur Kinder- und Jugendarbeit für das Schießen geeigneter Aufsichtspersonen
- unter Anwesenheit oder mit schriftlich erteiltem Einverständnis des Sorgeberechtigten
- mit Druckluft-, Federdruckwaffen oder Waffen, bei denen die Geschosse mit kalten Gasen angetrieben werden (Luftgewehr)
- **Nicht: Armbrust**

Jugendliche, die das 14. Lebensjahr vollendet haben und noch nicht 18 Jahre alt sind

- Schießen auf Schießstätten
- unter Obhut einer geeigneten Aufsichtsperson
- unter Anwesenheit oder mit schriftlich erteiltem Einverständnis des Sorgeberechtigten
- mit Schusswaffen bis zu einem Kaliber von 5,6 mm (.22 lr) für Munition mit Randfeuerzündung, wenn die Mündungsenergie höchstens 200 Joule beträgt und Einzellader-Langwaffen mit glatten Läufen mit Kaliber 12 oder kleiner

Beachte:
Unter Obhut bedeutet, dass der Minderjährige während des Schießens nicht aus den Augen gelassen werden darf. Die Aufsichtsperson muss über ihre Geeignetheit für die Überwachung einen Nachweis vorlegen können.

Grundsätze des Umgangs mit Waffen oder Munition

§ 27 III bis VII WaffG
Schießen durch Kinder (unter 12 Jahre) (§ 27 IV WaffG)

Kinder unter 12 Jahre

- Schießen auf Schießstätten
- unter Obhut einer geeigneten Aufsichts-person
- unter Anwesenheit oder mit schriftlich erteiltem Einverständnis des Sorgebe-rechtigten
- besondere **schießsportliche Begabung** festgestellt
- geistige und körperliche Entwicklung stehen Betreiben des Schießsports nicht entgegen

§ 27 III bis VII WaffG
Schießen durch Minderjährige (mindestens 14 Jahre) in der Ausbildung zum Jäger (§ 27 V WaffG)

Minderjährige, mindestens 14 Jahre

- Schießen auf Schießstätten zur Ausbildung
- vom Sorgeberechtigten und Ausbildungs-leiter unterzeichnete Berechtigungsbe-scheinigung, die mitzuführen ist
- mit Jagdwaffen

Grundsätze des Umgangs mit Waffen oder Munition

Kurzzusammenfassung der Ausnahmetatbestände vom Alterserfordernis:

§ 3 WaffG	**Jugendliche in einem Arbeits- oder Ausbildungsverhältnis**
§ 13 VII WaffG	**Inhaber eines Jugendjagdscheins**
§ 13 VIII WaffG	**Personen in der Jägerausbildung**
§ 27 III WaffG	**Beaufsichtigtes Schießen Minderjähriger**
§ 27 IV WaffG	**Schießen durch Kinder**
§ 27 V WaffG	**Schießen durch Minderjährige in der Jägerausbildung**

Merke:
Der Umgang mit Waffen oder Munition, welche in der Anlage 2 Abschnitt 1 genannt sind, ist verboten (**Verbotene Waffen**; vergleiche § 2 III WaffG, Kapitel 6).

Es gibt auch Waffen oder Munition, deren Umgang ganz oder teilweise von der Erlaubnispflicht oder von einem Verbot ausgenommen ist (vergleiche § 2 IV WaffG, Anlage 2 Abschnitt 2 und 3; erlaubnisfreie Arten des Umgangs; Entbehrlichkeit einzelner Erlaubnisvoraussetzungen).

Erläuterungen

Die Grundsätze des Umgangs mit Waffen und Munition sind in § 2 WaffG geregelt.

Sie lauten im Einzelnen:

- Der Umgang mit Waffen oder Munition ist nur Personen gestattet, die das 18. Lebensjahr vollendet haben (§ 2 I WaffG).
- Der Umgang mit Waffen und Munition, welcher in der Anlage 2 Abschnitt 2 zum Waffengesetz genannt ist, bedarf der Erlaubnis (§ 2 II WaffG; siehe Kapitel 5).
- Der Umgang mit Waffen und Munition, welcher in Anlage 2 Abschnitt 1 („Verbotene Waffen") genannt ist, ist verboten (§ 2 III WaffG; siehe Kapitel 6).
- In der Anlage 2 Abschnitt 1 und 2 sind Waffen und Munition genannt, die ganz oder teilweise von der Erlaubnispflicht oder Verbot ausgenommen sind. Im Abschnitt 3 sind Waffen und Munition genannt, die nicht unter das Waffengesetz fallen.

Danach ist nach § 2 I WaffG die Volljährigkeit nach dem neuen Waffenrecht ein generelles Erfordernis für jeden Umgang mit Waffen. Von diesen Grundsätzen sieht das Waffengesetz Ausnahmen für den erlaubnisfreien Umgang mit Waffen und Munition durch Minderjährige vor (vgl. §§ 3, 13 VII, VIII, 27 III bis VII WaffG).

Generelle Ausnahmen für Kinder und Jugendliche (§ 3 WaffG)
Von diesem Grundsatz gibt es die generelle Ausnahme nach § 3 I WaffG für Jugendliche, die in einem **Arbeits- oder Ausbildungsverhältnis** stehen, welches Kontakt mit Waffen und Munition beinhaltet, z. B. Messerschmied, Büchsenmacher etc. Sie dürfen im Rahmen des Arbeits- oder Ausbildungsverhältnisses mit Waffen und Munition unter Aufsicht eines weisungsberechtigten Waffenberechtigten umgehen. Weisungsberechtigte Waffenberechtigte sind beispielsweise Lehrherren, die selbst über die jeweilige waffenrechtliche Erlaubnis verfügen und im Rahmen des Arbeits- oder Ausbildungsverhältnisses den Jugendlichen gegenüber weisungsbefugt sind.

Darüber hinaus dürfen Jugendliche nach § 3 II WaffG mit zugelassenen **Reizstoffsprühgeräten** umgehen, um im Notwehrfall eine Abwehrmöglichkeit zu haben, die von der Gefährlichkeit her unterhalb der Schwelle von Schusswaffen bzw. Hieb- und Stoßwaffen liegt. Auf diese Weise soll dem sicherheitsrechtlichen Bedürfnis von Jugendlichen Rechnung getragen werden.

Besondere Ausnahmeregelungen
Darüber hinaus gibt es einige Spezialvorschriften, die den Umgang mit Waffen oder Munition durch Minderjährige regeln. Diese sind im Einzelnen:

§ 13 VII WaffG
Inhaber eines Jugendjagdscheins können keine waffenrechtliche Erlaubnis zum Erwerb und Besitz von Waffen und Munition erhalten. Sie dürfen aber im Kernbereich der jagdlichen Tätigkeit, d. h. für die Dauer der Jagdausübung, während des Trainings des jagdlichen Schießens oder bei Schießwettkämpfen Waffen und Munition ohne Erlaubnis erwerben, besitzen, führen und damit schießen. Im Randbereich der Jagdausübung, dies umfasst Tätigkeiten, die im Zusammenhang mit der Jagdausübung stehen, dürfen Inhaber eines Jugendjagdscheins Jagdwaffen ohne Erlaubnis führen, wenn sich diese in nicht schussbereitem Zustand befinden.

§ 13 VIII WaffG
Eine weitere Ausnahme betrifft **Jugendliche, die in der Jägerausbildung stehen**. Sie dürfen ohne Erlaubnis Umgang (Erwerb, Besitz, Führen) mit nicht schussbereiten Waffen haben, wenn dies in engem Zusammenhang mit der Ausbildung steht und vom Ausbildungsleiter beaufsichtigt wird. Zusätzlich müssen Jugendliche, die ein Mindestalter von 14 Jahren haben, eine Berechtigungsbescheinigung, die vom Sorgeberechtigten und dem Ausbildungsleiter unterschrieben ist, bei der konkreten Tätigkeit (z. B. Training Waffenhandhabung) mit sich führen.

§ 27 III WaffG regelt die Ausnahmen, unter denen Minderjährige auf Schießstätten schießen dürfen.

Erläuterungen

Kinder unter 14 Jahren mit vollendetem 12. Lebensjahr dürfen auf Schießstätten schießen, wenn sie unter der Obhut des zur Aufsichtsführung berechtigten Sorgeberechtigten oder Verantwortlichen und zur Kinder- und Jugendarbeit für das Schießen geeigneter Aufsichtspersonen stehen und der Sorgeberechtigte entweder anwesend ist oder schriftlich sein Einverständnis erteilt hat. Allerdings dürfen sie nur mit Druckluft-, Federdruckwaffen und Waffen, bei deren Antrieb kalte Gase (im Gegensatz zu Feuerwaffen, bei denen der Antrieb des Geschosses durch heiße Gase verursacht wird) verwendet werden, schießen.

„Unter Obhut stehend“ bedeutet, dass der Minderjährige während des Schießens nicht aus den Augen gelassen werden darf.

Die Geeignetheit der Aufsichtsperson muss diese nachweisen können.

Jugendlichen, die das 14. Lebensjahr vollendet haben und noch nicht 18 Jahre alt sind, ist auch das Schießen mit sonstigen Schusswaffen bis zu einem Kaliber von 5,6 mm (.22 lr) für Munition mit Randfeuerzündung erlaubt, wenn die Mündungsenergie höchstens 200 Joule beträgt und Einzellader-Langwaffen mit glatten Läufen mit Kaliber 12 oder kleiner gestattet werden, wenn sie unter der Obhut einer geeigneten Aufsichtsperson stehen und der Sorgeberechtigte entweder anwesend ist oder schriftlich sein Einverständnis erteilt hat.

Jugendliche über 16 Jahre dürfen auf Schießstätten ohne besondere Obhut und ohne Einverständnis des Sorgeberechtigten mit sonstigen Schusswaffen schießen. Sie stehen dabei unter der generellen Aufsichtspflicht des Schießstättenbetreibers.

Schießen durch Kinder unter 12 Jahren (§ 27 IV WaffG)
Kinder unter 12 Jahren dürfen auf Schießstätten schießen, wenn sie aufgrund ihrer körperlichen und geistigen Entwicklung so reif sind, dass sie zum Betreiben des Schießsports geeignet erscheinen und eine besondere schießsportliche Begabung festgestellt ist. Letzteres muss durch eine Bescheinigung des Vereins erfolgen. Darüber hinaus darf das Schießen nur unter Obhut einer geeigneten Aufsichtsperson erfolgen und unter Anwesenheit des Sorgeberechtigten bzw. bei Vorliegen der schriftlichen Einverständniserklärung.

Schießen durch Minderjährige in der Ausbildung zum Jäger (mindestens 14 Jahre) (§ 27 V WaffG)
Minderjährige in der Jägerausbildung dürfen zu Ausbildungszwecken auf Schießstätten mit Jagdwaffen ohne Schießerlaubnis schießen, wenn eine vom Sorgeberechtigten und Ausbildungsleiter unterzeichnete Einverständniserklärung vorliegt, die mitzuführen ist.

Generelle Ausnahmen für Erwachsene (§ 12 WaffG)
(1) Einer Erlaubnis zum Erwerb und Besitz einer Waffe bedarf nicht, wer diese

1. als Inhaber einer Waffenbesitzkarte von einem Berechtigten
   a) lediglich vorübergehend, höchstens aber für einen Monat für einen von seinem Bedürfnis umfassten Zweck oder im Zusammenhang damit, oder
   b) vorübergehend zum Zweck der sicheren Verwahrung oder der Beförderung erwirbt;
2. vorübergehend von einem Berechtigten zur gewerbsmäßigen Beförderung, zur gewerbsmäßigen Lagerung oder zur gewerbsmäßigen Ausführung von Verschönerungen oder ähnlicher Arbeiten an der Waffe erwirbt;
3. von einem oder für einen Berechtigten erwirbt, wenn und solange er
   a) aufgrund eines Arbeits- oder Ausbildungsverhältnisses,
   b) als Beauftragter oder Mitglied einer jagdlichen oder schießsportlichen Vereinigung, einer anderen sportlichen Vereinigung zur Abgabe von Startschüssen oder einer zur Brauchtumspflege Waffen tragenden Vereinigung,
   c) als Charterer von seegehenden Schiffen zur Abgabe von Seenotsignalen den Besitz über die Waffe nur nach den Weisungen des Berechtigten ausüben darf;

Erläuterungen

4. von einem anderen,

   a) dem er die Waffe vorübergehend überlassen hat, ohne dass es hierfür der Eintragung in die Erlaubnisurkunde bedurfte, oder

   b) nach dem Abhandenkommen

   wieder erwirbt;

5. auf einer Schießstätte (§ 27 WaffG) lediglich vorübergehend zum Schießen auf dieser Schießstätte erwirbt;

6. auf einer Reise in den oder durch den Geltungsbereich des Gesetzes nach § 32 WaffG berechtigt mitnimmt.

(2) Einer Erlaubnis zum Erwerb und Besitz von Munition bedarf nicht, wer diese

1. unter den Voraussetzungen des Absatzes 1 Nr. 1 bis 4 erwirbt;

2. unter den Voraussetzungen des Absatzes 1 Nr. 5 zum sofortigen Verbrauch lediglich auf dieser Schießstätte (§ 27 WaffG) erwirbt;

3. auf einer Reise in den oder durch den Geltungsbereich des Gesetzes nach § 32 WaffG berechtigt mitnimmt.

Ausnahmen vom erlaubnispflichtigen Umgang mit Waffen und Munition (§ 2 IV WaffG, Anlage 2, Abschnitt 1, UA 2)

Der Umgang mit Waffen und Munition im Sinne des § 1 II Nr. 1 WaffG bedarf der Erlaubnis, es sei denn, sie sind für die dort bezeichneten Arten des Umganges von der Erlaubnispflicht freigestellt.

Erlaubnisfreie Arten des Umgangs:

Erlaubnisfreier Erwerb und Besitz (Mindestalter 18 Jahre)

von z. B.

- **Druckluft-, Federdruckwaffen und Waffen**, bei denen zum Antrieb der Geschosse kalte Treibgase Verwendung finden, wenn den Geschossen eine Bewegungsenergie von nicht mehr als 7,5 Joule erteilt wird und mit einem Kennzeichen „F" im Fünfeck gekennzeichnet sind oder vor dem 01.01.1970 in den Handel gebracht worden sind, oder vor dem 02.04.1991 in der ehemaligen „DDR" hergestellt wurden.
- **Schreckschuss-, Reizstoff- und Signalwaffen**, die der Bauart des § 8 BeSchG entsprechen
- **veränderte Langwaffen**, unbrauchbar gemachte Schusswaffen, Zier- oder Sammlerwaffen, wobei in das Patronenlager keine Munition geladen werden kann, der Verschluss dauerhaft funktionsuntüchtig, der Lauf dauerhaft verschlossen sein muss und der Lauf fest mit dem Gehäuse verbunden ist (sogenannte Deko-Waffen)
- Einläufige Einzelladerwaffen mit **Zündhütchenzündung** und Schusswaffen mit **Lunten-, Funken- oder Zündnadelzündung**, deren Modell **vor 1871** entwickelt wurde
- **Armbrüste**

Ausnahmen vom erlaubnispflichtigen Umgang mit Waffen und Munition (§ 2 IV WaffG, Anlage 2, Abschnitt 1, UA 2)

Erlaubnisfreie Arten des Umgangs:

Erlaubnisfreier Erwerb durch Inhaber einer WBK*)

für Schusswaffen, die bereits in der Waffenbesitzkarte des Inhabers einer Erlaubnis eingetragen sind. Zum Besitz ist ein Eintrag in eine Waffenbesitzkarte erforderlich, von z. B.

- **Wechsel- und Austauschläufen** gleichen oder geringeren Kalibers, einschließlich der für diese Läufe erforderlichen auswechselbaren Verschlüsse (Wechselsysteme)

- **Wechseltrommeln**, aus denen nur Munition verschossen werden kann, bei der gegenüber der für die Waffe bestimmten Munition Geschossdurchmesser und höchst zulässiger Gebrauchsgasdruck gleich oder geringer sind

Erlaubnisfreier Erwerb und Besitz durch Inhaber einer WBK*)

- **Einsteckläufe und dazugehörige Verschlüsse (Einstecksysteme)** sowie **Einsätze**, die dazu bestimmt sind, Munition mit kleinerer Abmessung zu verschießen, und die keine Einsteckläufe sind; für Schusswaffen, die bereits in der Waffenbesitzkarte des Inhabers einer Erlaubnis eingetragen sind. **Der Besitz muss nicht in eine Waffenbesitzkarte eingetragen werden.**

*) ist behördlicherseits hinreichend überprüft, so dass er bezüglich bestimmter „Anschlusstätigkeiten" freigestellt werden kann

Erlaubnisfreies Führen

von z. B. :
- **Schusswaffen mit Lunten- oder Funkenzündung**, deren Modell vor 1871 entwickelt wurde
- **Armbrüste**
- **Schusswaffen**, die zwar **zum Spiel bestimmt** sind und deshalb vom Gesetz ausgenommen sind, es sei denn, sie stellen getreue Nachahmungen von Waffen dar, die der Erlaubnis bedürfen

Ausnahmen vom erlaubnispflichtigen Umgang mit Waffen und Munition (§ 2 IV WaffG, Anlage 2, Abschnitt 1, UA 2)

Erlaubnisfreie Arten des Umgangs:

Erlaubnisfreier Handel und Herstellung

Erlaubnisfrei gehandelt und hergestellt
werden dürfen
- **Schusswaffen mit Lunten- oder Funkenzündung**, deren Modell **vor 1. Januar 1871** entwickelt wurde

Erlaubnisfrei gehandelt
werden dürfen
- **einläufige Einzelladerwaffen mit Zündhütchenzündung**
- **Schusswaffen mit Zündnadelzündung**, deren Modell **vor 1871** entwickelt wurde

Erlaubnisfrei – nicht gewerbsmäßig – hergestellt
werden darf
- **Munition**

Es ist aber eine Erlaubnis zum nicht gewerblichen Laden von Munition im Sinne des Sprengstoffgesetzes erforderlich. Sie gilt auch als Erlaubnis zum Erwerb und Besitz dieser Munition nach dem WaffG.
Nach Ablauf der Gültigkeit des Erlaubnisdokuments nach dem Sprengstoffgesetz gilt die Erlaubnis für den Besitz dieser Munition für die Dauer von sechs Monaten fort.

Erläuterungen

Ausnahmen vom erlaubnispflichtigen Umgang mit Waffen und Munition (gemäß § 2 IV WaffG, Anlage 2 zum WaffG, Abschnitt 1 und 2)
Grundsätzlich gilt, dass der Umgang mit Waffen und Munition im Sinne des § 1 II Nr. WaffG einer Erlaubnis bedarf. Im Unterabschnitt 2 des zweiten Abschnitts der Anlage 2 sind jedoch die Arten des Umgangs genannt, die keiner Erlaubnis bedürfen, also eine Ausnahme vom oben genannten Grundsatz darstellen. Es muss aber das **Mindestalter von 18 Jahren** beachtet werden. Unterschieden wird dabei in Anlehnung an das System des § 1 III WaffG nach den verschiedenen Arten des Umgangs wie Erwerb, Besitz, Führen, Handel und Herstellung.

Erlaubnisfreier Erwerb und Besitz
Ohne Erlaubnis dürfen z. B. folgende Waffen erworben und besessen werden:

- Druckluft-, Federdruckwaffen und Waffen, bei denen zum Antrieb der Geschosse kalte Treibgase Verwendung finden, wenn den Geschossen eine Bewegungsenergie von nicht mehr als 7,5 Joule erteilt wird und mit einem Kennzeichen „F" im Fünfeck gekennzeichnet sind oder vor dem 01.01.1970 in den Handel gebracht worden sind, oder vor dem 02.04.1991 in der ehemaligen „DDR" hergestellt wurden.
- Schreckschuss- Reizstoff- und Signalwaffen, die der Bauart des § 8 BeschG entsprechen und ein Zulassungszeichen „PTB mit Nummer" im Kreis tragen. Auf das Beschussgesetz wird zu einem späteren Zeitpunkt eingegangen.
- Unbrauchbar gemachte Schusswaffen, Zier- oder Sammlerwaffen, wobei in das Patronenlager keine Munition geladen werden kann, der Verschluss dauerhaft funktionsuntüchtig, der Lauf dauerhaft verschlossen sein muss und der Lauf fest mit dem Gehäuse verbunden ist (sogenannte Deko-Waffen).
- Veränderte Langwaffen, die zu Theateraufführungen, Foto-, Film- oder Fernsehaufnahmen bestimmt sind (Salutwaffen), das Patronenlager muss dauerhaft so verändert sein, dass keine Patronen- oder pyrotechnische Munition geladen werden kann, der Lauf muss dauerhaft funktionsuntüchtig sein, der Lauf muss mit dem Gehäuse fest verbunden sein und der Verschluss muss ein Kennzeichen nach Abbildung 11 der Anlage II zur Beschussverordnung tragen.
- Einläufige Einzelladerwaffen mit Zündhütchenzündung (Perkussionswaffen) und Schusswaffen mit Lunten- oder Funkenzündung, deren Modell vor 1871 entwickelt wurde.
- Armbrüste

Erlaubnisfreier Erwerb durch Inhaber einer Waffenbesitzkarte für Schusswaffen, die bereits in der Waffenbesitzkarte des Inhabers einer Erlaubnis eingetragen sind. Zum Besitz ist ein Eintrag in eine Waffenbesitzkarte erforderlich.

- **Wechsel- und Austauschläufe** gleichen oder geringeren Kalibers einschließlich der für diese Läufe erforderlichen auswechselbaren Verschlüsse (Wechselsysteme),
- **Wechseltrommeln**, aus denen nur Munition verschossen werden kann, bei der gegenüber der für die Waffe bestimmten Munition Geschossdurchmesser und höchstzulässiger Gebrauchsgasdruck gleich oder geringer sind.

Erlaubnisfreier Erwerb und Besitz durch Inhaber einer Waffenbesitzkarte, der Besitz muss nicht in eine Waffenbesitzkarte eingetragen werden

- Einsteckläufe und dazugehörige Verschlüsse (Einstecksysteme) sowie Einsätze, die dazu bestimmt sind, Munition mit kleinerer Abmessung zu verschießen, und die keine Einsteckläufe sind; für Schusswaffen, die bereits in der Waffenbesitzkarte des Inhabers einer Erlaubnis eingetragen sind.

Erlaubnisfreies Führen
Ohne Erlaubnis dürfen z. B.

- Schusswaffen mit Lunten- oder Funkenzündung geführt werden, deren Modell vor 1871 entwickelt wurde,
- Armbrüste,
- Schusswaffen, die zwar zum Spiel bestimmt sind und deshalb vom Gesetz ausgenommen sind, außer sie stellen getreue Nachahmungen von Waffen dar, die der Erlaubnis bedürfen,

geführt werden.

Erläuterungen

Erlaubnisfreier Handel und erlaubnisfreie Herstellung
Erlaubnisfrei gehandelt und hergestellt werden dürfen Schusswaffen mit Lunten- oder Funkenzündung, deren Modell vor dem 1. Januar 1871 entwickelt wurde sowie Armbrüste.

Erlaubnisfrei gehandelt werden darf mit einläufigen Einzelladerwaffen mit Zündhütchenzündung (Perkussionswaffen) und mit Schusswaffen mit Zündnadelzündung, deren Modell vor 1871 entwickelt wurde.

Erlaubnisfreie nicht gewerbsmäßige Herstellung
Ohne Erlaubnis, aber nicht gewerbsmäßig hergestellt werden darf Munition. Es ist aber eine Erlaubnis zum nicht gewerblichen Laden von Munition im Sinne des Sprengstoffgesetzes erforderlich. Sie gilt auch als Erlaubnis zum Erwerb und Besitz dieser Munition nach dem WaffG. Nach Ablauf der Gültigkeit des Erlaubnisdokuments nach dem Sprengstoffgesetz gilt die Erlaubnis für den Besitz dieser Munition für die Dauer von sechs Monaten fort.

Verbotene Waffen und Munition
(§ 2 III WaffG, Anlage 2, Abschnitt 1 zum WaffG)

In § 2 III WaffG ist die generelle Verbotsliste für Waffen und Munition verankert. Der Umgang mit den genannten Gegenständen ist in jeder Form verboten. Eine wichtige Ausnahme stellt dabei § 40 III WaffG dar, wonach Jägern oder Angehörigen von pelz- und lederverarbeitenden Berufen der Gebrauch eines Faustmessers erlaubt ist, welches zu den verbotenen Gegenständen zählt.

Bei der Zuordnung zu den verbotenen Waffen oder Gegenständen ist z. B. die Zweckbestimmung, die objektive Gefährlichkeit, die Bedrohungswirkung, aber auch die Häufigkeit der missbräuchlichen Verwendung von Bedeutung. Im Einzelnen sind dies:

Waffen

- **die in der Kriegswaffenliste genannt sind und ihre Kriegswaffeneigenschaft verloren haben**

Ausnahme:
halbautomatische tragbare Schusswaffen (= Selbstlader; beim Schuss wird durch Rückstoß oder Teil der Verbrennungsgase der Nachladevorgang aus einem Magazin und das Auswerfen der abgeschossenen Hülse durch einmalige Betätigung des Abzuges selbsttätig ausgelöst; durch einmalige Betätigung des Abzuges kann nur ein Schuss abgegeben werden. Die Waffe darf nach § 19 Abs. Nr. 2 c BJagdG mit nicht mehr als drei Patronen geladen sein. (Länderspezifische Regelungen beachten, z. B. Baden-Württemberg fünf Patronen)

» Unerlaubter Umgang:
Vergehen (§ 52 I Nr. 1, IV WAffG)

Verbotene Waffen und Munition (§ 2 III WaffG, Anlage 2, Abschnitt 1 zum WaffG)

Im Einzelnen sind dies:

Schusswaffen
(§ 1 II Nr. 2 WaffG)

Vollautomaten (= Schusswaffe), die nach Schussabgabe selbsttätig erneut schussbereit wird und bei der aus demselben Lauf durch einmalige Betätigung des Abzuges mehrere Schüsse hintereinander abgegeben werden kann oder

Vorderschaftrepetierflinten, bei denen anstelle des Hinterschaftes ein Kurzwaffengriff vorhanden ist oder die Waffengesamtlänge in der kürzest möglichen Verwendungsform weniger als 95 cm oder die Lauflänge weniger als 45 cm beträgt, sind

» Unerlaubter Umgang:
Verbrechen (§ 51 I WaffG)

Schusswaffen, die einen anderen Gegenstand vortäuschen oder mit Gegenständen des täglichen Gebrauchs verkleidet sind
(z. B. Schießkugelschreiber, Stockpistole); die besondere Gefährlichkeit dieser Gegenstände liegt in ihrem Überraschungseffekt

» Unerlaubter Umgang:
Vergehen (§ 52 III Nr. 1, IV WaffG)

Schusswaffen, die über den für Jagd- und Sportzwecke allgemein üblichen Umfang hinaus zusammengeklappt, zusammengeschoben, vekürzt oder schnell zerlegt werden können
(„Wilddiebsgewehr").
Ihre Gefährlichkeit besteht z. B. darin, dass sie bei Attentaten verwendet werden können.

» Unerlaubter Umgang:
Vergehen (§ 52 III Nr. 1, IV WaffG)

Verbotene Waffen und Munition (§ 2 III WaffG, Anlage 2, Abschnitt 1 zum WaffG)

- mehrschüssige Kurzwaffen,
  deren Baujahr nach dem 1. Januar 1970 liegt, für Zentralfeuermunition in Kalibern unter 6,3 mm, wenn der Antrieb der Geschosse nicht ausschließlich durch den Zündsatz erfolgt

- wesentliche Teile von Kriegswaffen,
  wenn sie nicht nach dem Kriegswaffenkontrollgesetz verboten sind

Für Schusswaffen

- **bestimmte Vorrichtungen, die das Ziel beleuchten (z. B. Zielscheinwerfer) oder markieren (z. B. Laser oder Zielpunktprojektoren)**
  Die betreffenden Vorrichtungen müssen zum Anstrahlen des Zieles und nicht nur der Zieleinrichtung dienen und für Schusswaffen bestimmt sein. Handscheinwerfer oder Reparaturlampen für KFZ fallen nicht darunter. Ihre Gefährlichkeit in der Hand von Wilderern ist in der erheblichen Bedrohung nicht nur des Wildbestandes, sondern auch der Jagdberechtigten und mit dem Jagdschutz beauftragten Personen zu sehen.

- **Nachtsichtgeräte und Nachtzielgeräte mit Montagevorrichtung für Schusswaffen sowie Nachtsichtvorsätze und Nachtsichtaufsätze für Zielhilfsmittel (z. B. Zielfernrohre), sofern die Gegenstände einen Bildwandler oder eine elektronische Verstärkung besitzen (Ausnahme siehe Kapitel 14 und § 40 III WaffG)**
  Darunter versteht man Geräte, die unsichtbare Strahlen (z. B. Infrarotstrahlen oder Ultrakurzwellen) über elektronische Verstärkung oder einen Bildwandler für das Auge sichtbar machen. Es muss eine Montagevorrichtung für Schusswaffen vorhanden sein und das Gerät muss dazu bestimmt sein, an der Waffe angebracht zu werden. Das Verbot umfasst auch Nachtsichtvorsätze oder Nachtsichtaufsätze für Zielhilfsmittel, die einen elektronischen Verstärker oder einen Bildwandler haben (z. B. für Zielfernrohre).

  » Unerlaubter Umgang:
  Vergehen nach § 52 III Nr. 1 WAffG

Verbotene Waffen und Munition
(§ 2 III WaffG, Anlage 2, Abschnitt 1 zum WaffG)

Zubehör für Schusswaffen

Ausnahme:
wenn die folgenden Teile bis zum 01.09.2021 bei der Behörde angemeldet werden oder eine Ausnahmegenehmigung beantragt wird

- Wechselmagazine für Kurzwaffen für Zentralfeuermunition sind, die mehr als 20 Patronen aufnehmen können

- Wechselmagazine für Langwaffen für Zentralfeuermunition sind, die mehr als 10 Patronen aufnehmen können

- halbautomatische Kurzwaffen für Zentralfeuermunition sind, die über ein eingebautes Magazin mit einer Kapazität von mehr als 20 verfügen

- halbautomatische Langwaffen für Zentralfeuermunition sind, die über ein eingebautes Magazin mit einer Kapazität von mehr als 10 Patronen verfügen

Verbotene Waffen und Munition
(§ 2 III WaffG, Anlage 2, Abschnitt 1 zum WaffG)

Tragbare Gegenstände (§ 1 II Nr. 2 a WaffG)

- **Hieb- und Stoßwaffen**,
  die ihrer Form nach geeignet sind, einen anderen Gegenstand vorzutäuschen oder mit Gegenständen des täglichen Gebrauchs verkleidet sind (z. B. Kugelschreiberstilett)

  » Unerlaubter Umgang:
  Vergehen (§ 52 III Nr. 1, IV WaffG)

- **Stahlruten, Schlagringe, Totschläger**
  (= biegsame Gegenstände, z. B. Teleskopschlagstöcke mit federndem Schlagarm, dessen Ende durch Metall beschwert ist),

  » Unerlaubter Umgang:
  Vergehen (§ 52 III Nr. 1 WaffG)

- **Wurfsterne**
  (= sternförmige Gegenstände, die zum Wurf auf ein Ziel bestimmt und geeignet sind, die Gesundheit zu beschädigen)

  » Unerlaubter Umgang:
  Vergehen (§ 52 III Nr. 1, IV WaffG)

- **„Molotow-Cocktails“**
  (= tragbare Gegenstände, bei denen leicht entflammbare Stoffe (z. B. Benzin oder Benzin-Ölgemische) verteilt und entzündet werden, so dass schlagartig ein Brand entsteht)

- **Gegenstände mit Reiz- oder anderen Wirkstoffen**
  (Ausnahme: Stoffe, die gesundheitlich unbedenklich sind)

  » Unerlaubter Umgang:
  Vergehen (§ 52 III Nr. 1, IV WAffG)

- **Gegenstände, die unter Ausnutzung einer anderen als mechanischen Energie Verletzungen beibringen**
  (z. B. Elektroimpulsgeräte ohne Zulassungszeichen)

  » Zuwiderhandlung:
  Ordnungswidrigkeit (§ 53 I Nr. 2 WAffG)

- **Präzisionsschleudern**

  » Unerlaubter Umgang:
  Vergehen (§ 52 III Nr. 1, IV WAffG)

- **Gegenstände, die nach Handhabung und Beschaffenheit dazu bestimmt sind, durch Drosseln die Gesundheit zu beschädigen** (z. B. Nun-Chakus)

  » Unerlaubter Umgang:
  Vergehen (§ 52 III Nr. 1, IV WAffG)

Verbotene Waffen und Munition
(§ 2 III WaffG, Anlage 2, Abschnitt 1 zum WaffG)

Tragbare Gegenstände (§ 1 II Nr. 2 b WaffG)

- **Spring- und Fallmesser**
  (Ausnahme: Springmesser, bei denen die Klinge seitlich herausspringt und der herausragende Teil der Klinge max. 8,5 cm lang ist und nur einseitig geschliffen ist)

  » Unerlaubter Umgang: Vergehen (§ 52 III Nr. 1, IV WaffG)

- **Faustmesser**
  (= feststehendes Messer mit einem quer zur Klinge verlaufenden Griff, das bestimmungsgemäß in der geschlossenen Faust geführt wird). Beachte Einschränkung des Verbots nach § 40 III WaffG. Danach dürfen Jäger und Angehörige von leder- oder pelzverarbeitenden Berufen, abweichend von § 2 III WaffG, Umgang mit Faustmessern haben, wenn sie dies zur Ausübung ihrer Tätigkeit benötigen

  » Unerlaubter Umgang: Vergehen (§ 52 III Nr. 1, IV WaffG)

- **Faltmesser (Butterflymesser)**
  (= Messer mit zweigeteiltem schwenkbarem Griff)

  » Unerlaubter Umgang: Vergehen (§ 52 III Nr. 1, IV WaffG)

- **Tierabwehrgeräte (Elektroimpulsgeräte)**
  Gegenstände, die Tieren durch andere als mechanische Energie Verletzungen beibringen

  » Unerlaubter Umgang: Vergehen (§ 52 III Nr. 1, IV WaffG)

- **Munition**,
  die zur ausschließlichen Verwendung in Kriegswaffen oder für bestimmte Bundes- und Landesbehörden und die Deutsche Bundesbank, die Bundeswehr und in der Bundesrepublik Deutschland stationierten ausländischen Streitkräfte, die Polizeien des Bundes und der Länder und die Zollverwaltung bestimmt ist, soweit die Munition nicht unter die Vorschriften des Gesetzes über die Kontrolle von Kriegswaffen oder des Sprengstoffgesetzes fällt.

  » Unerlaubter Umgang: Vergehen (§ 52 III Nr. 1, IV WaffG)

Verbotene Waffen und Munition
(§ 2 III WaffG, Anlage 2, Abschnitt 1 zum WaffG)

Munition und Geschosse

- **Geschosse mit Betäubungsstoffen**,
  die zu Angriffs- und Verteidigungszwecken bestimmt sind. Dienen sie zur Auseinandersetzung zwischen Menschen, sind sie generell verboten. Werden sie auf tiermedizinischem, tierschützerischem Gebiet oder zur Tierforschung eingesetzt, ist ihr Umgang nach den Vorschriften über den Umgang mit Arzneimitteln, Betäubungsmitteln und Giften erlaubt. Verstöße werden nicht geahndet.

- **Geschosse oder Kartuschenmunition mit Reizstoffen**,
  die zu Angriffs- oder Verteidigungszwecken bestimmt sind; ohne amtliches Prüfzeichen zum Nachweis der gesundheitlichen Unbedenklichkeit

- **Treibspiegelmunition**
  (= Patronenmunition für Schusswaffen mit gezogenen Läufen, deren Geschosse im Durchmesser kleiner sind als die Felddurchmesser der Schusswaffe und die mit einer Treib- und Führungshülse umgeben sind, die sich nach Verlassen des Laufes vom Geschoss trennt.

  » Unerlaubter Umgang: Vergehen (§ 52 III Nr. 1, IV WaffG)

- **Patronenmunition, deren Geschosse einen Lichtspur-, Brand- oder Sprengsatz oder einen Hartkern** enthalten

  » Unerlaubter Umgang: Vergehen (§ 52 III Nr. 1, IV WaffG)

- **Knallkartuschen, Reiz- und sonstige Wirkstoffmunition**

  » Unerlaubter Umgang: Vergehen (§ 52 III Nr. 1, IV WaffG)

- **Kleinschrotmunition in den Kalibern für Schreckschuss-, Reizstoff- und Signalwaffen**

  » Unerlaubter Umgang: Vergehen (§ 52 III Nr. 1, IV WaffG)

Verbotene Waffen und Munition

Verbot des Führens von Anscheinswaffen und bestimmten tragbaren Gegenständen (§ 42 a WaffG)

§ 42 a WaffG verbietet das Führen von Anscheinswaffen und bestimmten tragbaren Gegenständen. Der Besitz ist weiterhin möglich. Er stellt eine Ergänzung zu den bestehenden Verboten der Waffenliste (Anlage 2, Abschnitt 1 zum Waffengesetz) dar.

Es ist verboten:

- **Anscheinswaffen**,
- **Hieb- und Stoßwaffen** (Gegenstände, die ihrem Wesen nach dazu bestimmt sind, unter unmittelbarer Ausnutzung der Muskelkraft durch Hieb, Stoß, Stich, Schlag oder Wurf Verletzungen beizubringen),
- **Messer mit einhändig feststellbarer Klinge** (Einhandmesser) oder **feststehende Messer** mit einer Klingenlänge über 12 cm zu führen.

Das Verbot gilt nicht ...

- für die Verwendung bei **Foto-, Film- oder Fernsehaufnahmen oder Theateraufführungen**,
- für den **Transport in einem verschlossenen Behältnis**,
- für das **Führen von den genannten Hieb- und Stoßwaffen und Messern, sofern ein berechtigtes Interesse vorliegt**.

Weitergehende Regelungen bleiben unberührt.

Berechtigtes Interesse

Ein berechtigtes Interesse liegt insbesondere vor, wenn das Führen der Gegenstände im Zusammenhang mit der Berufsausübung erfolgt, der Brauchtumspflege, dem Sport oder einem allgemein anerkannten Zweck (z. B. Jagd) dient.

» Unerlaubter Umgang:
Ordnungswidrigkeit § 53 I Nr. 21 a WaffG

Die Landesregierungen sind ermächtigt das Führen von Waffen oder von Messern mit feststehender oder feststellbarer Klinge mit einer Klingenlänge über vier Zentimeter an bestimmten Orten zu verbieten oder zu beschränken, wenn Tatsachen die Annahme rechtfertigen, dass das Verbot oder die Beschränkung zur Abwehr von Gefahren für die öffentliche Sicherheit erforderlich ist.

Ausnahmen sind mit berechtigten Interessen zulässig.

Verbotene Waffen und Munition

Verbot des Führens von Anscheinswaffen und bestimmten tragbaren Gegenständen (§ 42 a WaffG)

Das Verbot des § 42 a WaffG gilt nicht, wenn ...

die Gegenstände bei Foto-, Film-, Fernsehaufnahmen oder Theateraufführungen verwendet werden.

die Gegenstände in einem verschlossenen Behältnis transportiert werden.

für das Führen der Gegenstände ein berechtigtes Interesse vorliegt.

Dies ist der Fall, wenn das Führen im Zusammenhang mit ...

- der Berufsausübung,
- der Brauchtumspflege,
- dem Sport oder
- einem allgemein anerkannten Zweck (z. B. Jagd)

steht.

Verbotene Waffen und Munition

Exkurs:
Überblick über das System der Sanktionsvorschriften im Waffengesetz (§§ 51 ff WaffG)

Die Straftatbestände des WaffG knüpfen alle an verwaltungsrechtlichen Vorgaben an. Gefahrenträchtige menschliche Verhaltensweisen sollen einer behördlichen Kontrolle unterzogen werden, wobei die persönliche Freiheit des Einzelnen nur soweit einzuschränken ist, wie es die Gründe des Allgemeinwohls, insbesondere die öffentliche Sicherheit es erfordern. Zwei Verbotstypen sind zu unterscheiden:

Handeln ohne Erlaubnis:
Drohen abstrakte Gefahren, die durch die Erfüllung bestimmter Voraussetzungen als beherrschbar erscheinen, so soll demjenigen die Tätigkeit erlaubt werden, der die Voraussetzungen erfüllt, z. B. die Ablegung der Jägerprüfung.

Verbotene Tätigkeit:
Hier verfolgt der Gesetzgeber den Zweck, die verbotenen Tätigkeiten vollkommen zu unterbinden, da konkrete Rechtsgutsverletzungen drohen, die in jedem Fall vermieden werden sollen.

§ 51 WaffG:
Hier handelt es sich um einen **Verbrechenstatbestand**, d. h. bei dessen Erfüllung droht dem Betreffenden eine Freiheitsstrafe von einem bis zu fünf Jahren, wenn er entgegen § 2 I (Minderjährige), III (alle Personen) WaffG i. V. m. Anlage 2 Abschnitt 1 Nr. 1.2.1. eine dort genannte Schusswaffe erwirbt, besitzt, überlässt, führt, verbringt, mitnimmt, herstellt, bearbeitet, instandsetzt oder damit handelt. Diese Vorschrift bezieht sich nur noch auf sogenannte Vollautomaten, also Schusswaffen, bei denen durch einmalige Betätigung des Abzuges Dauerfeuer gegeben werden kann, und Vorderschaftrepetierflinten, bei denen Anstelle des Hinterschaftes ein Kurzwaffengriff vorhanden ist oder die Waffengesamtlänge in der kürzest möglichen Verwendungsform weniger als 95 cm oder die Lauflänge weniger als 45 cm beträgt. Auch wesentliche Teile solcher Waffen fallen unter die Regelung des § 51 WaffG.

§ 52 WaffG:
In § 52 WaffG sind die sogenannten **Vergehenstatbestände** geregelt, bei deren Erfüllung eine Freiheitsstrafe von sechs Monaten bis zu fünf Jahren oder eine Geldstrafe drohen. Die Tatbestände des Absatzes I Nr. 1 beziehen sich auf frühere Kriegswaffen und Molotow-Cocktails. Die Ausübung der tatsächlichen Gewalt über die genannten Gegenstände begründet die Strafbarkeit. Die in der Nr. 2 genannten Tatmodalitäten begründen die Strafbarkeit durch das Handeln ohne notwendige Erlaubnis. Die Straftatbestände des Absatzes III sind mit geringerer Strafe bedroht, als im Absatz I geregelt, weil das dadurch verwirklichte Unrecht als nicht so schwerwiegend einzustufen ist.

§ 53 WaffG enthält die sogenannten **Bußgeldvorschriften**, die bei Begehung einer Ordnungswidrigkeit greifen.

§ 54 Einziehung und Erweiterter Verfall:
§ 54 WaffG sieht vor, dass bei Straftaten nach §§§ 51, 52 I, II, III Nr. 1, 2, 3 oder V Gegenstände eingezogen werden können, auf die sich die Straftat bezieht, die durch sie hervorgebracht wurden oder zur Begehung gebraucht wurden oder bestimmt waren.
Das Rechtsmittel der **Einziehung** ist eine Anwendung der **Beschlagnahme mobiler und immobiler Sachen** und somit ein Begriff aus dem deutschen Strafverfahrensrecht. Der Begriff wird nur auf Tatmittel und -werkzeuge angewendet. Sie soll bewirken, dass sich Mobilien nicht mehr im illegalen Besitz (z. B. Waffen) befinden bzw. um einen weiteren Umgang damit (z. B. Kraftfahrzeug, mit dem eine Person ohne Fahrerlaubnis gefahren ist) zu unterbinden. Es können **Gegenstände jeder Art** eingezogen werden, nicht nur Waffen und Munition.

Der sogenannte **erweiterte Verfall** (§ 54 III WaffG) ist eine Maßnahme des deutschen Strafrechts, die in § 73 d des Strafgesetzbuches geregelt ist. Demnach kann ein Gericht bei besonders schweren Taten und wenn dies in der Rechtsnorm vorgesehen ist, anordnen, dass **Gegenstände** eines Täters oder Teilnehmers **ins Eigentum des Staates** übergehen, wenn nach den Umständen anzunehmen ist, dass die **Gegenstände für rechtswidrige Taten benutzt werden** sollten oder **aus rechtswidrigen Taten stammen** oder aus diesen erlangt wurden – (Verfall). Gemäß § 73 a StGB kann anstelle des Verfalls auch eine entsprechende Geldsumme aus dem Vermögen des Täters oder Teilnehmers dem Staat verfallen, wenn die Sache selbst aus rechtlichen oder tatsächlichen Gründen nicht für den Verfall geeignet ist.

Erläuterungen

Verbotene Waffen (§ 2 III WaffG, Anlage 2 zum Waffengesetz, Abschnitt 1)

In § 2 III WaffG ist die generelle Verbotsliste für Waffen und Munition verankert. Der Umgang mit den genannten Gegenständen ist in jeder Form verboten. Eine wichtige Ausnahme stellt § 40 III WaffG dar, wonach Jägern oder Angehörigen von pelz- und lederverarbeitenden Berufen der Gebrauch eines Faustmessers erlaubt ist, welches in der Liste der verbotenen Gegenstände zu finden ist. Bei der Zuordnung zu den verbotenen Waffen oder Gegenständen ist z. B. die Zweckbestimmung, die objektive Gefährlichkeit, die Bedrohungswirkung, aber auch die Häufigkeit der missbräuchlichen Verwendung von Bedeutung.

Verboten sind danach alle Waffen, die in der Kriegswaffenliste genannt sind und ihre Kriegswaffeneigenschaft verloren haben (d. h. Waffen, die nach alter Gesetzeslage in der Kriegswaffenliste enthalten waren und durch die neue Regelung daraus gestrichen wurden, werden automatisch der Liste der verbotenen Waffen zugeordnet).

Ausgenommen hiervon sind halbautomatische tragbare Schusswaffen, sogenannte „Halbautomaten". Darunter versteht man Selbstladewaffen, bei denen beim Schuss durch den Rückstoß oder Teile der Verbrennungsgase das Auswerfen der abgefeuerten Hülse und der Nachladevorgang aus dem Magazin durch einmaliges Betätigen des Abzuges selbsttätig ausgelöst wird. Es darf durch das einmalige Betätigen des Abzuges nur ein Schuss ausgelöst werden. Nach § 19 I Nr. 2 c BJagdG darf die Waffe mit nicht mehr als drei Patronen geladen sein (länderspezifische Regelungen beachten). Der unerlaubte Umgang mit den genannten Waffen stellt ein Vergehen nach § 52 I Nr. 1, IV WaffG dar.

Des Weiteren fallen unter die verbotenen Waffen Schusswaffen oder ihnen gleichgestellte tragbare Gegenstände (§ 1 II WaffG).

Ein Verbrechenstatbestand nach § 51 WaffG verwirklicht derjenige, der Umgang mit einem sogenannten „**Vollautomaten**" hat. Darunter versteht man Langwaffen, bei denen nach einem Schuss durch Rückstoß oder einen Teil der Verbrennungsgase der Nachladevorgang aus einem Magazin, das Auswerfen der abgeschossenen Hülse und der nächste Schuss selbsttätig ausgelöst werden. Das Schießen dauert solange, bis der Abzug der Waffe losgelassen wird oder das Magazin leergeschossen ist. Vollautomatische Langwaffen, häufig als Schnellfeuergewehre oder Sturmgewehre bezeichnet, können als Gasdrucklader oder Rückstoßlader konstruiert sein. Ein Verbrechen nach § 51 WaffG begeht auch derjenige, der Umgang mit Vorderschaftrepetierflinten hat, bei denen anstelle des Hinterschaftes ein Kurzwaffengriff vorhanden ist oder die Waffengesamtlänge in der kürzest möglichen Verwendungsform weniger als 95 cm oder die Lauflänge weniger als 45 cm beträgt.

Weniger schwerwiegend ist der verbotene Umgang mit **Schusswaffen, die einen anderen Gegenstand vortäuschen oder mit Gegenständen des täglichen Gebrauchs verkleidet** sind. Es handelt sich hierbei um ein Vergehen nach § 52 III Nr. 1 IV WaffG. Die besondere Gefährlichkeit dieser Gegenstände liegt in ihrem Überraschungseffekt.

Mit der gleichen Rechtsfolge hat zu rechnen, wer verbotenerweise Umgang mit **Schusswaffen hat, die über den für Jagd- und Sportzwecke allgemein üblichen Umfang hinaus zusammengeklappt, zusammengeschoben, verkürzt oder schnell zerlegt werden können** („Wilddiebsgewehr"). Ihre Gefährlichkeit besteht auch z. B. darin, dass sie bei Attentaten verwendet werden können.

Zubehör für Schusswaffen (Ausnahme, wenn die folgenden Teile bis zum 01.09.2021 bei der Behörde angemeldet werden oder eine Ausnahmegenehmigung beantragt wird)

Verboten sind **Wechselmagazine für Kurzwaffen für Zentralfeuermunition** sind, die mehr als **20 Patronen** aufnehmen können; und **Wechselmagazine für Langwaffen für Zentralfeuermunition**, die **mehr als zehn Patronen** aufnehmen können.

Verboten sind auch **halbautomatische Kurzwaffen für Zentralfeuermunition**, die über ein eingebautes Magazin mit einer Kapazität von **mehr als 20** verfügen; und **halbautomatische Langwaffen für Zentralfeuermunition**, die über ein eingebautes Magazin mit einer Kapazität von **mehr als zehn Patronen** verfügen.

Verboten ist auch der Umgang mit **für Schusswaffen bestimmten Gegenständen, die das Ziel beleuchten**. Auch dieses verbotswidrige Verhalten stellt ein Verge-

Erläuterungen

hen nach § 52 III Nr. 1 IV WaffG dar. Die betreffenden Vorrichtungen müssen zum Anstrahlen des Zieles und nicht der Zieleinrichtung dienen und für Schusswaffen bestimmt sein. Handscheinwerfer oder Reparaturlampen für KFZ fallen nicht darunter. Ihre Gefährlichkeit in der Hand von Wilderern ist in der erheblichen Bedrohung nicht nur des Wildbestandes, sondern auch der Jagdberechtigten und mit dem Jagdschutz beauftragten Personen zu sehen.

Auch **Nachtzielgeräte** fallen darunter. Dies sind Geräte, die unsichtbare Strahlen (z. B. Infrarotstrahlen oder Ultrakurzwellen) über elektronische Verstärkung oder einen Bildwandler für das Auge sichtbar machen. Es muss eine Montagevorrichtung für Schusswaffen vorhanden sein und das Gerät muss dazu bestimmt sein, an der Waffe angebracht zu werden. Zu den Nachtzielgeräten zählen auch **Nachtsichtvorsätze** oder **Nachtsichtaufsätze** für Zielhilfsmittel (z. B. für Zielfernrohre). Ausnahmen für Jagdscheininhaber siehe Kapitel 14 und § 40 III WaffG.

Zu den **verbotenen tragbaren Gegenständen** nach § 1 II Nr. 2 a WaffG i. V. m. Anlage 2 zum WaffG Abschnitt 1 Nr. 1.3. zählen beispielsweise **Hieb- und Stoßwaffen**, die ihrer Form nach geeignet sind, einen anderen **Gegenstand vorzutäuschen oder mit Gegenständen des täglichen Gebrauchs verkleidet** sind (z. B. Kugelschreiberstilett) sowie Stahlruten, Totschläger, Wurfsterne, Molotow-Cocktails (Nr. 1.3.4.), Elektroimpulsgeräte, Präzisionsschleudern. Der Umgang mit den genannten Gegenständen stellt ein Vergehen nach § 52 WaffG dar.

Zu den verbotenen tragbaren Gegenständen nach § 1 II Nr. 2 b WaffG i. V. m. Anlage 2 zum WaffG Abschnitt 1 Nr. 1.4. gehören **Spring- und Fallmesser, Faustmesser** (Einschränkung des Verbots nach § 40 III WaffG. Danach dürfen Jäger und Angehörige von leder- oder pelzverarbeitenden Berufen, abweichend von § 2 III WaffG, Umgang mit Faustmessern haben, wenn sie dies zur Ausübung ihrer Tätigkeit benötigen), **Faltmesser und Tierabwehrgeräte**, z. B. Elektroimpulsgeräte. Der unerlaubte Umgang mit den genannten Gegenständen stellt ein Vergehen nach § 52 III Nr. 1, IV WaffG dar. Ferner ist **Patronenmunition, deren Geschosse einen Lichtspur-, Brand- oder Sprengsatz oder einen Hartkern enthalten**, die nicht mehr nach dem KWKG verboten sind, verboten. Unerlaubter Umgang damit stellt ein Vergehen nach § 52 III Nr. 1, IV WaffG dar.
Verboten sind auch **Knallkartuschen-, Reiz- und sonstige Wirkstoffmunition sowie Kleinschrotmunition für Schreckschuss-, Reizstoff- und Signalwaffen**, der unerlaubte Umgang ist ein Vergehen nach § 52 III Nr. 1, IV WaffG.

Verboten ist auch der Umgang mit Munition für bestimmte Behörden. Wobei bis jetzt nicht geregelt ist, um welche Munition es sich handelt. Es ist nicht geklärt, ob es sich nur um Munition handelt, die ausschließlich bei einer Behörde eingesetzt wird, oder auch um solche, die von den Behörden ausgesondert wurde (sur-plus, Kurzbahnmunition).

Der neu eingefügte § 42 a WaffG verbietet das Führen von Anscheinswaffen und bestimmten tragbaren Gegenständen. Es soll damit für alle Beteiligten mehr Sicherheit, insbesondere im Führen von den sogenannten Anscheinswaffen und den immer wieder in der Öffentlichkeit mitgeführten Softair-Waffen (= Luftdruckwaffen mit relativ geringer Geschossenergie bis zu 0,5 Joule), geschaffen werden. Nach § 42 a WaffG dürfen diese Gegenstände nicht mehr außerhalb des befriedeten Besitztums offen geführt und benutzt werden.

Anscheinswaffen sind Schusswaffen, die ihrer äußeren Form nach im Gesamterscheinungsbild den Anschein von Feuerwaffen (Anlage 1 Abschnitt 1 Unterabschnitt 1 Nr. 2.1) hervorrufen und bei denen zum Antrieb der Geschosse keine heißen Gase verwendet werden, Nachbildungen von Schusswaffen mit dem Aussehen von echten Schusswaffen oder unbrauchbar gemachte Schusswaffen mit dem Aussehen von echten Schusswaffen. Ausgenommen sind solche Gegenstände, die erkennbar nach ihrem Gesamterscheinungsbild zum Spiel oder für Brauchtumsveranstaltungen bestimmt sind, oder die Teil einer kulturhistorisch bedeutsamen Sammlung sind oder werden sollen oder Schusswaffen, für die ein Waffenschein zum Führen erforderlich ist. Erkennbar nach ihrem Gesamterscheinungsbild zum Spiel bestimmt sind insbesondere Gegenstände, deren Größe die einer entsprechenden Feuerwaffe um 50 Prozent über- oder unterschreiten, neonfarbene Materialien enthalten oder keine Kennzeichnungen von Feuerwaffen aufweisen. Für Jagdscheininhaber gilt das Verbot zum Führen von Einhandmessern und Messern mit einer feststehenden Klinge mit einer Klingenlänge von mehr als 12 cm nicht, da die Messer zur Jagdausübung (z. B. Aufbrechen, Zerwirken) als allgemein anerkannter Zweck benötigt werden.

Voraussetzungen für die Erteilung waffenrechtlicher Erlaubnisse (§ 4 WaffG)

Nach § 2 II WaffG bedarf der Umgang mit Waffen und Munition der behördlichen Erlaubnis. Der Antragsteller hat dann einen Rechtsanspruch auf die Erteilung der waffenrechtlichen Erlaubnis, wenn die in § I Nr. 1 - 5 WaffG genannten Voraussetzungen **nebeneinander** erfüllt sind.

Im Einzelnen sind dies:

Vollendung des 18. Lebensjahres

(beachte die Ausnahmen nach §§ 3, 13 VII, VIII, 27 III bis VII WaffG)

Zuverlässigkeit

(§ 5 WaffG)

Persönliche Eignung

(§ 6 WaffG)

Sachkundenachweis

(§ 7 WaffG)

Bedürfnis

(§ 8 WaffG)

Haftpflichtversicherung

mindestens in Höhe von einer Million pauschal für Personen- und Sachschäden bei **Waffenschein** (§ 10 IV WaffG) und **Schießerlaubnis** (§ 10 VWaffG)

Beachte:
Eine waffenrechtliche Erlaubnis zum Erwerb, Besitz, Führen und Schießen **kann** versagt werden, wenn der Antragsteller seinen gewöhnlichen Aufenthaltsort **weniger als fünf Jahre** im Geltungsbereich dieses Gesetzes hat. Sinn der Vorschrift ist, dass die Zuverlässigkeit von Personen, die sich länger im Ausland aufgehalten haben, oft schwer zu überprüfen ist.

Voraussetzungen für die Erteilung waffenrechtlicher Erlaubnisse (§ 4 WaffG)

Turnusmäßige Überprüfung von Zuverlässigkeit, persönlicher Eignung und Bedürfnis

Die Erlaubnisbehörde muss ...

Zuverlässigkeit und persönliche Eignung von Inhabern einer waffenrechtlichen Erlaubnis mindestens nach dem Ablauf von **drei Jahren** erneut überprüfen (vergleiche § 4 III WaffG).

Inhaber von Waffenschein und Schießerlaubnis müssen anlässlich dieser Regelüberprüfung den **Nachweis der Haftpflichtversicherung** erbringen.

Die zuständige Behörde hat das **Fortbestehen des Bedürfnisses** bei Inhabern einer waffenrechtlichen Erlaubnis alle **fünf Jahre** erneut zu überprüfen (§ 4 IV WaffG).

Zur Erforschung des Sachverhalts kann die zuständige Behörde in begründeten Einzelfällen das persönliche Erscheinen des Antragstellers oder des Erlaubnisinhabers verlangen.

Erläuterungen

Voraussetzungen für die Erteilung waffenrechtlicher Erlaubnisse (§§ 2 II, 4 WaffG)
Nach § 2 II WaffG bedarf der Umgang mit Waffen und Munition der behördlichen Erlaubnis. Diese Erlaubnis muss bei der zuständigen Behörde beantragt werden. Dem Antrag sind die erforderlichen Unterlagen beizufügen.

§ 4 WaffG ist die zentrale Vorschrift für alle Erlaubnisse, die nach dem Waffenrecht erteilt werden. § 4 I Nr. 1 bis 5 WaffG nennt die Voraussetzungen für die Erteilung einer Erlaubnis im Normalfall, die nebeneinander erfüllt sein müssen. Ist dies der Fall, hat der Antragsteller einen Rechtsanspruch auf Erteilung der Erlaubnis.

Die einzelnen Voraussetzungen für die Erteilung einer waffenrechtlichen Erlaubnis sind:

Das Alterserfordernis (§ 4 I Nr. 1 WaffG):
Im Einklang mit § 2 I WaffG, der Minderjährigen grundsätzlich jeglichen Umgang mit Waffen und Munition untersagt, legt § 4 I Nr. 1 WaffG als Grundvoraussetzung fest, dass der Antragsteller einer waffenrechtlichen Erlaubnis volljährig ist. Der Festsetzung dieser Altersgrenze liegt die Überlegung zugrunde, dass Kinder und Jugendliche im Allgemeinen noch nicht über die für den Waffengebrauch notwendige Besonnenheit und Selbstkontrolle verfügen.

Die Zuverlässigkeit (§§ 4 I Nr. 2, 1. Alt, 5 WaffG):
Grundsätzlich stellt die Zuverlässigkeit im deutschen Verwaltungsrecht die Voraussetzung für die Erteilung einer behördlichen Erlaubnis dar. Mit der Zuverlässigkeitsprüfung soll eine Prognose gestellt werden, ob der Erlaubnisinhaber in Zukunft durch die Ausübung der Erlaubnis eine Gefahr für die Öffentlichkeit darstellt. Die ausführliche Regelung zur Zuverlässigkeit stellt § 5 WaffG dar.

Die persönliche Eignung (§§ 4 I Nr. 2 2. Alt, 6 WaffG):
Durch diese Regelung sollen alle Gesundheitsstörungen erfasst werden, die einen negativen Einfluss auf den Umgang mit Waffen haben können.

Der Sachkundenachweis (§§ 4 I Nr. 3, 7 WaffG):
Durch den Sachkundenachweis soll gewährleistet werden, dass der Betreffende verantwortungsbewusst und ohne die Sicherheit der Allgemeinheit und seine eigene zu gefährden mit der Waffe umgeht.

Das Bedürfnis (§§ 4 I Nr. 4, 8 WaffG)

Haftpflichtversicherung (§ 4 I Nr. 5 WaffG)

Eine waffenrechtliche Erlaubnis zum Erwerb, Besitz, Führen und Schießen kann versagt werden, wenn der Antragsteller seinen gewöhnlichen Aufenthaltsort weniger als fünf Jahre im Geltungsbereich dieses Gesetzes hat. Sinn der Vorschrift ist, dass die Zuverlässigkeit von Personen, die sich länger im Ausland aufgehalten haben, oft schwer zu überprüfen ist.

Die Erlaubnisbehörde muss Zuverlässigkeit, persönliche Eignung und Bedürfnis in bestimmten Zeitabständen erneut überprüfen.

Zuverlässigkeit und persönliche Eignung eines Inhabers einer waffenrechtlichen Erlaubnis müssen mindestens nach dem Ablauf von fünf Jahren erneut überprüft werden. Inhaber von Waffenscheinen und Schießerlaubnissen müssen bei dieser Regelüberprüfung den Nachweis der Haftpflichtversicherung erbringen.

Die verschärfte Überprüfung des Bedürfnisses für erlaubnispflichtige Schusswaffen während der ersten drei Jahre nach Erteilung trägt dem Grundgedanken Rechnung, dass das Bedürfnis die Basis für jede Erlaubnis darstellt und deshalb immer vorliegen muss.

Die zuständige Behörde kann auch nach Ablauf des im Satz 1 genannten Zeitraumes das Fortbestehen des Bedürfnisses prüfen.

Zuverlässigkeit bei der Erteilung waffenrechtlicher Erlaubnisse

Die Zuverlässigkeit bei der Erteilung waffenrechtlicher Erlaubnisse (§§ 4 I Nr. 2, 5 WaffG)

Allgemeine Feststellungen zur Unzuverlässigkeit nach dem Waffengesetz

Durch die Neuregelung des Waffengesetzes wurde eine **Trennung von vorwerfbarem Verhalten** (§ 5 Zuverlässigkeit) und **nicht vorwerfbarer körperlicher Einschränkungen** (§ 6 persönliche Eignung) vorgenommen.

Die waffenrechtliche Unzuverlässigkeit wird jetzt zum Einen bei strafrechtlich relevantem Verhalten im Wesentlichen an das Strafmaß statt an bestimmte Delikte geknüpft. Es gibt aber auch Tatbestände, bei denen es sich nach dem Delikt richtet (z. B. fehlerhafte Auf-bewahrung, Verstöße gegen die UVV). Hierbei handelt es sich um Ordnungswidrigkeiten. Die Waffenbehörde ist nicht an die Feststellungen der Jagdbehörde über die Zuverlässigkeit gebunden.

§ 5 hat **keinen Ausschließlichkeitscharakter**, d. h., dass die waffenrechtliche Erlaubnis auch versagt werden kann, wenn zwar nach § 5 keine Unzuverlässigkeit vorliegt, wohl aber allgemeine Zuverlässigkeitsgrundsätze verletzt wurden.

Die nach dem Waffengesetz festgestellte Unzuverlässigkeit schlägt auf das Bundesjagdgesetz durch, so dass derjenige, der nach dem Waffengesetz als unzuverlässig gilt, auch nach dem Bundesjagdgesetz als unzuverlässig angesehen wird. Dies hat zur Folge, dass neben einer waffenrechtlichen Erlaubnis auch der Jagdschein entzogen wird.

Im § 5 WaffG wird unterschieden zwischen **absoluten Unzuverlässigkeitsgründen**, bei denen die Vermutung der Unzuverlässigkeit unwiderlegbar vermutet wird, und der **Regelunzuverlässigkeit**. Bei Letzterem besteht die Zuverlässigkeit in der Regel nicht, die zuständige Behörde muss eine **Prüfung** durchführen und hat dabei einen **Ermessensspielraum**.

Absolute Unzuverlässigkeitsgründe (§ 5 I WaffG)

Die Unzuverlässigkeit einer Person wird unwiderlegbar vermutet, wenn diese rechtskräftig verurteilt wurde wegen

§ 5 I Nr. 1 WaffG

eines Verbrechens
- Ein Verbrechen liegt vor, wenn die Person eine vorsätzliche (Vorsatz = Wissen + Wollen) Straftat begangen hat, die mit mindestens einem Jahr Freiheitsstrafe bewehrt ist.
- Bei derartigen Straftaten wird schweres und schwerstes Unrecht verwirklicht, z. B. Totschlag, Mord.
- Auch der Versuch eines Verbrechens ist strafbar.

einer sonstigen vorsätzlichen Straftat
(= Vergehen)
mit einer Verurteilung zu mindestens einem Jahr Freiheitsstrafe

wenn seit der letzten Verurteilung noch keine zehn Jahre verstrichen sind

§ 5 I Nr. 2 WaffG

waffenrechtlich bedenkliches Verhaltens, wenn Tatsachen die Annahme rechtfertigen, dass ...

Waffen oder Munition **missbräuchlich** (= vom Recht nicht gedeckt) oder **leichtfertig** (= mit besonderer Gleichgültigkeit) verwendet werden, z. B. Schuss ohne Kugelfang

mit Waffen oder Munition **bedenklich umgegangen** wird (z. B. Verstoß gegen UVV) oder diese **nicht sorgfältig aufbewahrt** werden (z. B. Waffe unbeaufsichtigt in abgestelltem KFZ)

Waffen **an Nichtberechtigte überlassen** werden, z. B. Ausleihen einer Waffe an Jäger ohne gültigen Jagdschein oder Überlassen eines Luftdruckgewehres an Kinder

Regelunzuverlässigkeit (§ 5 II WaffG)

Bei den sogenannten Regelunzuverlässigkeitsgründen besteht die Zuverlässigkeit in der Regel nicht, die Behörde muss eine Prüfung durchführen und hat dabei einen Ermessensspielraum.
Die Unzuverlässigkeit besteht in der Regel dann, wenn ...

§ 5 II Nr. 1 WaffG
eine **rechtskräftige Verurteilung**
vorliegt, wegen ...

einer **vorsätzlichen Straftat**
- kein waffenrechtlicher Bezug notwendig
- entscheidend neben Vorsatz ist Art und Höhe der Strafe

einer
- **fahrlässigen Straftat im Zusammenhang mit dem Umgang mit Waffen, Munition oder Sprengstoff** (z. B. fahrlässige Körperverletzung § 230 StGB durch unvorsichtiges Hantieren mit geladener Pistole)
- **fahrlässigen, gemeingefährlichen Straftat** (z. B. fahrlässige Trunkenheit im Verkehr, § 316 II StGB; es muss dabei nichts passiert sein)

einer **Straftat** nach dem
- **Waffengesetz**
- **Kriegswaffenkontrollgesetz**
- **Sprengstoffgesetz**
- **Bundesjagdgesetz**

- zu **Freiheitsstrafe** (ohne Rücksicht auf die Höhe), **Jugendstrafe** von mindestens sechs Monaten, **Geldstrafe** von mindestens **60 Tagessätzen** oder **zweimal zu einer geringeren Geldstrafe**
- wenn die Verurteilung noch **keine fünf Jahre zurückliegt**

Die erforderliche Zuverlässigkeit besitzen in der Regel Personen nicht, die ...

§ 5 II Nr. 2, 3 WaffG

Mitglied einer verbotenen Organisation oder Partei sind

§ 5 II Nr. 4 WaffG

wiederholt wegen Gewalttätigkeiten in Präventivgewahrsam der Polizei waren (Fußballhooligans)

§ 5 II Nr. 5 WaffG

wiederholt oder gröblich gegen Waffengesetz, Kriegswaffenkontrollgesetz, Sprengstoffgesetz, Bundesjagdgesetz verstoßen haben

Beachte:
Sinn des § 5 II WaffG ist es, das mit jedem Waffenbesitz vorhandene Risiko möglichst gering zu halten. Es sollen nur solche Personen Waffen besitzen, von denen man annehmen kann, dass sie jederzeit und in jeder Hinsicht mit den Waffen ordnungsgemäß umgehen.

Die zuständige Behörde hat im Rahmen der Zuverlässigkeitsprüfung die Auskunft der für den Wohnsitz der betroffenen Person zuständigen Verfassungsschutzbehörde, ob Tatsachen bekannt sind, die Bedenken gegen die Zuverlässigkeit begründen.

Vorsicht:
Die Unzuverlässigkeit nach dem Waffengesetz schlägt auf die Zuverlässigkeit nach dem Bundesjagdgesetz durch. Sie führt dann zum Entzug des Jagdscheins.

Erläuterungen

Die Zuverlässigkeit bei der Erteilung waffenrechtlicher Erlaubnisse (§§ 4 I Nr. 2, 5 WaffG)
Wie bereits im vorhergehenden Kapitel erläutert, stellt die Zuverlässigkeit im deutschen Verwaltungsrecht die Voraussetzung für die Erteilung einer behördlichen Erlaubnis dar. Mit der Zuverlässigkeitsprüfung soll eine Prognose gestellt werden, ob der Erlaubnisinhaber in Zukunft durch die Ausübung der Erlaubnis eine Gefahr für die Öffentlichkeit darstellt.

Die Zuverlässigkeit ist ein individuell zu prüfender Umstand und es müssen für die Annahme der Unzuverlässigkeit konkrete Anhaltspunkte vorliegen. Die in § 5 WaffG geschaffene Regelung hat keinen Ausschließlichkeitscharakter, so dass z. B. Rechtsgrundsätze Anwendung finden können, die für die Beurteilung der allgemeinen Zuverlässigkeit, z. B. nach Gewerberecht, maßgeblich sind. Früher setzte die Unzuverlässigkeit kein Verschulden voraus. Dies wurde durch die Neuregelung des §§ 5 und 6 WaffG geändert. Unverschuldete persönliche Umstände, die zur Versagung einer waffenrechtlichen Erlaubnis führen, sind in § 6 WaffG unter der **persönlichen Eignung** zusammengefasst (siehe dazu Kapitel 9).

Die **Unzuverlässigkeit** nach § 5 knüpft grundsätzlich an strafrechtlich relevantes, schuldhaftes Verhalten und das dafür vorgesehene Strafmaß an. Allerdings wird bei z. B. fehlerhafter Aufbewahrung von Schusswaffen oder Verstößen gegen die UVV die Unzuverlässigkeit anhand des verwirklichten Delikts beurteilt. Es handelt sich dabei um Ordnungswidrigkeiten.

Hat zum Beispiel die Jagdbehörde die Zuverlässigkeit einer Person beurteilt, so ist die waffenrechtliche Erlaubnisbehörde nicht daran gebunden. Kommt jedoch die Waffenbehörde zu dem Schluss, eine Person ist unzuverlässig, so schlägt diese Feststellung auch auf die Zuverlässigkeit nach dem Bundesjagdgesetz durch. Dies hat zur Folge, dass dem Betreffenden neben der **waffenrechtlichen Erlaubnis auch der Jagdschein entzogen** wird.

§ 5 WaffG unterscheidet zwischen absoluten Unzuverlässigkeitsgründen und der Regelunzuverlässigkeit (...“in der Regel..“). Bei den absoluten Unzuverlässigkeitsgründen wird die Unzuverlässigkeit unwiderlegbar vermutet. Bei den Regelunzuverlässigkeitsgründen besteht die Zuverlässigkeit in der Regel nicht, die zuständige Behörde muss hier eine Prüfung durchführen und hat dabei einen Ermessensspielraum.

Die absoluten Unzuverlässigkeitsgründe (gemäß § 5 I WaffG)
Bei Vorliegen einer rechtskräftigen Verurteilung wegen eines Verbrechens oder eines Vergehens, das mit einer Freiheitsstrafe von mindestens einem Jahr bewehrt ist, wird die waffenrechtliche Unzuverlässigkeit unwiderlegbar vermutet (§ 5 I Nr. 1 WaffG).

Ein **Verbrechen** liegt vor, wenn die Person eine vorsätzliche Straftat begangen hat, die mit mindestens einem Jahr Freiheitsstrafe geahndet wird. Der Vorsatz setzt voraus, dass die Person wissentlich und willentlich gehandelt hat. Bei solchen Straftaten wird schwerstes Unrecht verwirklicht, z. B. Totschlag, Mord. Die Verletzung der Rechtsordnung bei einer derartigen Tat hat solches Gewicht, dass das Vertrauen in die Zuverlässigkeit im Umgang mit Waffen für zehn Jahre als nicht wieder herstellbar zu betrachten ist.

Auch der Versuch eines Verbrechens ist generell unter Strafe gestellt, so dass die Verurteilung wegen eines versuchten Verbrechens wie die Verurteilung wegen eines tatsächlich begangenen Verbrechens zu betrachten ist. Auch die **Verurteilung wegen eines Vergehens**, das mit einer **Freiheitsstrafe von mindestens einem Jahr** bewehrt ist, stellt einen absoluten Unzuverlässigkeitsgrund dar. Hierbei ist die Art der begangenen Straftat unerheblich, nur das Strafmaß ist entscheidend.

Die unwiderlegbare Vermutung greift in beiden Fällen jedoch nur dann, wenn seit der Rechtskraft des Urteils noch keine zehn Jahre verstrichen sind. Eine solche Zeitspanne wird für erforderlich gehalten, um dem gravierenden Rechtsbruch seine Stärke zu nehmen, die zur unwiderlegbaren Annahme der Unzuverlässigkeit geführt hat.

Liegen Tatsachen vor, welche die Annahme rechtfertigen, dass der Betreffende missbräuchlich, leichtfertig oder bedenklich mit Waffen oder Munition umgeht, so führt dies ebenfalls zur absoluten waffenrechtlichen Unzuverlässigkeit (§ 5 I Nr. 2 WaffG). Von **missbräuchlicher oder leichtfertiger Verwendung** spricht man, wenn in einer Art und Weise von Schusswaffen Gebrauch gemacht wird, die von Recht und Gesetz nicht gedeckt oder besonders gleichgültig ist. Leichtfertig ist der, der aus gesteigerter Gleichgültigkeit heraus handelt, z. B. einen Schuss ohne Kugelfang abgibt.

Erläuterungen

Von **bedenklichem Umgang mit Schusswaffen** geht man aus, wenn nicht entsprechend vorsichtig und sachkundig damit umgegangen wird. Dies ist beispielsweise dann der Fall, wenn die Schusswaffen nicht vorschriftsmäßig verwahrt werden.

Als unwiderlegbar unzuverlässig ist auch derjenige anzusehen, der **seine Waffe einem Unbefugten überlässt**, z. B. Überlassen von Waffen an Jäger ohne Jagdschein oder das Überlassen eines Luftdruckgewehrs an Kinder.

Die Regelunzuverlässigkeit nach § 5 II WaffG
Liegen die Kriterien des § 5 II WaffG vor, so wird die Unzuverlässigkeit einer Person in der Regel angenommen, wobei im Einzelfall durchaus Ausnahmen möglich sind. Diese Vorschrift zielt darauf ab, das mit Waffenbesitz verbundene Sicherheitsrisiko möglichst gering zu halten. Nur bei Personen, deren Verhalten keinerlei Anlass dafür gibt, dass sie nicht in jeder Situation ordnungsgemäß mit ihren Waffen umgehen, soll dieses Sicherheitsrisiko hingenommen werden. Bei den Regelunzuverlässigkeitsgründen muss die Behörde eine Prüfung durchführen, ihr steht dabei ein Ermessensspielraum zu. Die Unzuverlässigkeit liegt in der Regel auch dann vor, wenn andere als in § 5 I WaffG genannte gewichtige Straftaten begangen wurden. Ein Bezug zum Umgang mit Waffen muss dabei nicht bestehen.

Bei einer **Verurteilung wegen einer vorsätzlichen Tat** (§ 5 II Nr. 1 a WaffG) zu einer Freiheitsstrafe oder einer Geldstrafe zu mindestens 60 Tagessätzen oder zweimal zu einer geringeren Geldstrafe wird die Unzuverlässigkeit in der Regel angenommen.

Unter Vorsatz versteht man den Tatentschluss, der sowohl ein Wissens- als auch ein Willenselement enthält. Mit 60 Tagessätzen Geldstrafe bewerten die Gerichte in der Praxis erhebliches Unrecht, welches einiges Gewicht der konkreten Tat voraussetzt.

Seit der Rechtskraft des letzten Urteils dürfen fünf Jahre noch nicht verstrichen sein.

Die Unzuverlässigkeit wird in der Regel auch angenommen bei einer **Verurteilung** (wie oben) **wegen einer fahrlässigen Straftat im Zusammenhang mit dem Umgang mit Waffen, Munition oder Sprengstoff** (z. B. fahrlässige Körperverletzung § 230 StGB durch unvorsichtiges Hantieren mit geladener Pistole) **oder einer fahrlässigen gemeingefährlichen Straftat** (z. B. fahrlässige Trunkenheit im Verkehr § 316 II StGB; es muss dabei nichts passiert sein).

Bei fahrlässigen Straftaten wird die Unzuverlässigkeit nur dann angenommen, wenn entweder ein spezifischer Bezug zum Waffen- oder Sprengstoffgesetz besteht, oder eine gemeingefährliche Straftat fahrlässig begangen wurde.

Liegt eine **rechtskräftige Verurteilung** wegen einer **Straftat nach dem Waffengesetz, dem Kriegswaffenkontrollgesetz, dem Sprengstoffgesetz oder dem Bundesjagdgesetz** vor, so wird die Unzuverlässigkeit ebenfalls in der Regel angenommen.

Auch die **Mitgliedschaft in einer verbotenen Organisation** (§ 5 II Nr. 2 WaffG) und die Verfolgung verfassungsfeindlicher Bestrebungen (§ 5 II Nr. 3 WaffG) führen zur Annahme der Unzuverlässigkeit.

Auch Personen, die sich innerhalb der letzten fünf Jahre vor der Entscheidung mindestens zweimal **wegen Gewalttätigkeit in polizeilichem Präventivgewahrsam** befunden haben, gelten in der Regel als unzuverlässig (§ 5 II Nr. 4 WaffG). Die Person muss mit vorheriger richterlicher Billigung in Präventivgewahrsam gekommen sein. Es sollen hier z. B. Fußballhooligans erfasst werden.
Auch wer wiederholt oder gröblich **gegen das Waffengesetz, das Kriegswaffenkontrollgesetz, das Sprengstoffgesetz oder das Bundesjagdgesetz verstoßen** hat, gilt als in der Regel unzuverlässig (§ 5 II Nr. 5 WaffG).

Sinn des § 5 II WaffG ist es, das mit jedem Waffenbesitz vorhandene Risiko möglichst gering zu halten. Es sollen nur solche Personen Waffen besitzen, von denen man annehmen kann, dass sie jederzeit und in jeder Hinsicht mit den Waffen ordnungsgemäß umgehen.

Die zuständige Behörde hat im Rahmen der Zuverlässigkeitsprüfung die Auskunft der für den Wohnsitz der betroffenen Person zuständigen Verfassungsschutzbehörde, ob Tatsachen bekannt sind, die Bedenken gegen die Zuverlässigkeit begründen.

Die Unzuverlässigkeit nach dem Waffengesetz schlägt auf die Zuverlässigkeit nach dem Bundesjagdgesetz durch. Sie führt dann zum Entzug des Jagdscheins.

Persönliche Eignung als Voraussetzung für die waffenrechtliche Zuverlässigkeit (§ 6 WaffG)

Allgemeine Anmerkungen

Neben der Zuverlässigkeit ist die persönliche Eignung einer Person Voraussetzung für die Erteilung einer waffenrechtlichen Erlaubnis.

- In § 6 WaffG sollen die in einer Person liegenden Gesundheitsstörungen erfasst werden, die negative Auswirkungen auf den Umgang mit Waffen haben können.

- Der Aufbau der Vorschrift gleicht dem des § 5 WaffG (Zuverlässigkeit).
  Es wird unterschieden zwischen absolut fehlender persönlicher Eignung und in der Regel fehlender persönlicher Eignung.

Absolut fehlende persönliche Eignung

Bei der absolut fehlenden persönliche Eignung wird die mangelnde Eignung unwiderlegbar vermutet, wenn Tatsachen die Annahme rechtfertigen, dass eine der Voraussetzungen des § 6 I S. 1 Nr. 1 - 3 WaffG vorliegen. Die Behörde hat dabei keinen Ermessensspielraum. Diese sind:

Fehlende Geschäftsfähigkeit
(§ 6 Nr. 1 I WaffG)

Gemeint ist die Geschäftsfähigkeit aus psychopathologischer Sicht, nicht die Geschäftsunfähigkeit aufgrund fehlenden Lebensalters.

Psychisch stark beeinträchtigte Personen
(§ 6 Nr. 2 I WaffG)

Darunter fallen

- **Alkohol- und Drogenabhängige**
  (Alkohol- oder Drogenabhängigkeit ist ein Hang zu übermäßigem Genuss alkoholischer Getränke oder Rauschgiften, dem zu widerstehen der Betroffene nicht mehr die Kraft hat)

- **Psychisch Kranke oder Debile**
  (Bei diesen Personen liegt eine hochgradige Störung der Geistestätigkeit vor, bei der die Fähigkeit zur vernünftigen Willensbildung ausgeschlossen ist bzw. der eines Minderjährigen über sieben Jahren entspricht.)

Unverschuldete Unfähigkeit zum sorgfältigen Umgang mit Waffen oder Munition
(§ 6 Nr. 3 I WaffG)

Darunter fällt auch die Unfähigkeit, diese Gegenstände sorgfältig zu verwahren oder wenn die konkrete Gefahr einer Fremd- oder Selbstgefährdung besteht.

Fehlende persönliche Eignung im Regelfall

Hier bedarf es einer Einzelfallprüfung, bei der die Behörde einen Ermessensspielraum hat.

Beschränkte Geschäftsfähigkeit

Hauptfall sind die **Minderjährigen** (§ 106 BGB). Regelmäßig wird es bei dieser Personengruppe bereits am Alterserfordernis fehlen. Es gibt aber Ausnahmen, wo das Gesetz Minderjährigen den Umgang mit Waffen oder Munition erlaubt.

Diese Vorschriften sind Spezialvorschriften zu § 6 WaffG und gehen diesem vor.

Stellungnahme der örtlich zuständigen Polizeidienststelle

Sinn dieser Regelung ist, dass das Wissen der dem Antragsteller nahen Polizeibeamten in die Entscheidung über die Erteilung einer waffenrechtlichen Erlaubnis mit einfließt.

Weitere Regelungen des § 6 WaffG

Medizinisches Zeugnis (§ 6 II WaffG)

Bei Bedenken an der persönlichen Eignung oder an den beigebrachten Bescheinigungen des Antragstellers muss die Behörde diesem aufgeben, ein amts-, fachärztliches oder fachpsychologisches Zeugnis vorzulegen.
Die Kosten trägt der Antragsteller.

Antragsteller unter 25 Jahren (§ 6 III WaffG)

Diese Personen, die **zum ersten Mal** eine waffenrechtliche Erlaubnis beantragen, müssen ihre **geistige Eignung** durch ein **amts-, fachärztliches oder fachpsychologisches Zeugnis** belegen. Die Kosten hierfür trägt der Antragsteller. Geistig geeignet sind z. B. Personen, die die allgemeine sittliche und moralische Reife, Besonnenheit, Selbstbeherrschung und Verantwortungsgefühl besitzen, die für den Umgang mit Waffen oder Munition unerlässlich ist.

Ausnahmen

Sportschützen,

die seit mindestens einem Jahr als Sportschützen in einem Verein aktiv tätig sind und eine zugelassene Sportwaffe (Kleinkalibergewehr, Sportflinte) erwerben wollen (§ 14 II S. 2 WaffG), benötigen kein ärztliches Zeugnis.

Jäger (§ 13 II S. 1 WaffG)

müssen ebenfalls ihre geistige Eignung nicht durch ein ärztliches Zeugnis nachweisen, da sie die anspruchsvolle, schwierige Jägerprüfung unter staatlicher Aufsicht abgelegt haben.

Erläuterungen

Die persönliche Eignung (§ 6 WaffG)

Durch die Neuregelung des Waffengesetzes wird jetzt im Rahmen der Zuverlässigkeit im weiteren Sinne zwischen Fällen des vorwerfbaren Verhaltens (= Zuverlässigkeit im engeren Sinne, vgl. § 5 WaffG, Kapitel 8) und Fällen nicht vorwerfbarer körperlicher Einschränkungen unterschieden. Auch die persönliche Eignung einer Person ist Voraussetzung für die Erteilung einer waffenrechtlichen Erlaubnis. In § 6 WaffG sollen die in einer Person liegenden Gesundheitsstörungen erfasst werden, die negative Auswirkungen auf den Umgang mit Waffen haben können. Auch hier wird ähnlich wie in § 5 WaffG unterschieden zwischen absolut fehlender persönlicher Eignung und in der Regel fehlender persönlicher Eignung.

Bei der absolut fehlenden persönlichen Eignung wird die mangelnde Eignung unwiderlegbar vermutet, wenn Tatsachen die Annahme rechtfertigen, dass eine der Voraussetzungen des § 6 I S. 1 Nr. 1 - 3 WaffG vorliegen. Die Behörde hat dabei **keinen Ermessensspielraum**.

Bei **fehlender Geschäftsfähigkeit** wird die mangelnde Eignung unwiderlegbar vermutet. Gemeint ist die Geschäftsfähigkeit aus psychopathologischer Sicht nicht aufgrund fehlenden Lebensalters.

Auch bei **psychisch stark beeinträchtigten Personen** wird die mangelnde Eignung unwiderlegbar vermutet. Darunter fallen Alkohol- und Drogenabhängige sowie psychisch Kranke und Debile. Von Alkohol- und Drogenabhängigkeit spricht man, wenn ein Hang zu übermäßigem Genuss alkoholischer Getränke oder Rauschgiften besteht und der Betroffene nicht die Kraft hat, dem zu widerstehen. Bei psychisch Kranken oder Debilen liegt eine hochgradige Störung der Geistestätigkeit vor, bei der die Fähigkeit zur vernünftigen Willensbildung ausgeschlossen ist. Auch bei **demjenigen, der unverschuldet nicht fähig ist, sorgfältig mit Waffen und Munition umzugehen**, wird die mangelnde persönliche Eignung unwiderlegbar vermutet.

Die fehlende persönliche Eignung im Regelfall bedarf der **Einzelfallprüfung**. Die Behörde hat dabei einen Ermessensspielraum.

In der Regel fehlt Personen die persönliche Eignung, deren **Geschäftsfähigkeit beschränkt** ist. Hauptfall sind die **Minderjährigen**. Regelmäßig wird es bei dieser Personengruppe bereits am Alterserfordernis fehlen.

Wie bereits dargestellt (Kapitel 4) gibt es aber Ausnahmen, in denen das Gesetz Minderjährigen den Umgang mit Waffen oder Munition erlaubt. Diese Vorschriften sind Spezialvorschriften zu § 6 WaffG und gehen diesem vor. In diesem Fall soll die **Stellungnahme der örtlichen Polizeidienststelle** eingeholt werden (§ 6 I S. 3 WaffG), damit das Wissen der Polizeibeamten, die über den jeweiligen Antragsteller und dessen Lebenslauf mehr wissen, in die Entscheidung Eingang findet.

Bei **Bedenken an der persönlichen Eignung** oder an den beigebrachten Bescheinigungen des Antragstellers muss die Behörde diesem aufgeben, ein **amts-, fachärztliches oder fachpsychologisches Zeugnis** vorzulegen (vgl. § 6 II WaffG). Die Kosten trägt der Antragsteller.

Bei **Antragstellern unter 25 Jahren** gilt der Grundsatz, dass diese bei erstmaliger Beantragung einer waffenrechtlichen Erlaubnis ihre geistige Eignung durch ein amts-, fachärztliches oder fachpsychologisches Gutachten belegen müssen (Kostentragungspflicht auch hier beim Antragsteller). Geistige Eignung liegt vor, wenn die Person über die allgemeine sittliche und moralische Reife, Besonnenheit, Selbstbeherrschung und das Verantwortungsgefühl verfügt, welches für den Umgang mit Waffen oder Munition unerlässlich ist.

Ausnahmen werden bei **Sportschützen** gemacht, die seit mindestens einem Jahr als Sportschützen in einem Verein aktiv tätig sind und eine zugelassene Sportwaffe (Kleinkalibergewehr, Sportflinte) erwerben wollen (§ 14 II S. 2 WaffG). Sie müssen kein Gutachten vorlegen.

Auch **Jäger** müssen kein Gutachten vorlegen, da sie bereits die anspruchsvolle und schwierige Jägerprüfung unter staatlicher Aufsicht abgelegt haben.

Sachkunde als Voraussetzung für die Erteilung einer waffenrechtlichen Erlaubnis (§ 7 WaffG i. V. m. §§ 1, 3 AWaffV)

Allgemeine Anmerkungen

Neben der Zuverlässigkeit und der persönlichen Eignung ist der Nachweis der Sachkunde Voraussetzung für die Erteilung einer waffenrechtlichen Erlaubnis. Sinn des Sachkundenachweises ist die konkrete Gefahrenvorbeugung. Um eine Überregelung zu vermeiden, wird eine differenzierte Sachkunde verlangt, abgestimmt auf den Zweck des Bedürfnisses und auf die Gegenstände, für die eine Erlaubnis beantragt wird.

Art des Nachweises (§ 7 I WaffG)

- Theoretische und praktische Prüfung, Tätigkeit oder Ausbildung

- **Wichtig für Jäger:**
  Nach § 3 I AWaffV gilt die Sachkunde mit Ablegen der Jägerprüfung als nachgewiesen;
  Jungjäger können durch einen staatlich anerkannten Lehrgang (vgl. § 3 II AWaffV) ihre Sachkunde nachweisen.

Umfang des Nachweises (§ 1 I AWaffV)

Erforderlich sind Kenntnisse über:

- Handhabung der Waffe
- Umgang mit Munition
- Reichweite und Wirkung der Geschosse
- Waffenrechtliche Vorschriften, Notwehr, Notstand

Beachte:
Der Nachweis der Sachkunde beschränkt sich auf die Gegenstände, für die eine Erlaubnis beantragt wird, und richtet sich nach dem mit dem Bedürfnis geltend gemachten Zweck.

Erläuterungen

Die Sachkunde (§ 7 WaffG i. V. m. §§ 1, 3 AWaffV) als Voraussetzung für die Erteilung einer waffenrechtlichen Erlaubnis

Neben der Zuverlässigkeit und der persönlichen Eignung ist der Nachweis der Sachkunde Voraussetzung für die Erteilung einer waffenrechtlichen Erlaubnis. Sinn des Sachkundenachweises ist die konkrete **Gefahrensvorbeugung**.

Um eine Überregelung zu vermeiden, wird eine differenzierte Sachkunde verlangt, abgestimmt auf den Zweck des Bedürfnisses und auf die Gegenstände, für die eine Erlaubnis beantragt wird.

Die Sachkunde umfasst ausreichende Kenntnis in der **Handhabung der Schusswaffe** und den **Umgang mit Munition** sowie **Kenntnis über die Reichweite und Wirkungsweise der Geschosse**. Außerdem setzt die Sachkunde Kenntnis über die wichtigsten **waffenrechtlichen Vorschriften** sowie über **Notwehr** und **Notstand** (§§ 32 ff StGB) voraus. Der Sachkundenachweis beschränkt sich auf die Gegenstände, für die eine Erlaubnis beantragt wird.

Der Nachweis der Sachkunde muss vor einem Prüfungsausschuss in einem **theoretischen** und einem **praktischen Prüfungsteil** erbracht werden. Es ist ein Zeugnis auszustellen.

Jäger weisen die **Sachkunde mit Ablegen der Jägerprüfung** nach (§ 3 I AVWaff). **Teilnehmer an einem Vorbereitungskurs zur Jägerprüfung** können durch Absolvierung eines **staatlich anerkannten Lehrgangs** diese ebenfalls nachweisen (§ 3 II AVWaffG).

Bedürfnis als Voraussetzung für die Erteilung einer waffenrechtlichen Erlaubnis (§ 8 WaffG)

Allgemeines

Bedürfnisprinzip ist zentrales Element des deutschen Waffenrechts.

Das Bedürfnis für die Erteilung einer Waffenbesitzkarte wird anerkannt, wenn gegenüber den Belangen der öffentlichen Sicherheit oder Ordnung besonders anzuerkennende persönliche oder wirtschaftliche Interessen (vor allem als Jäger, Sportschütze, Brauchtumsschütze, Waffen- oder Munitionssammler, Waffen- oder Munitionssachverständiger, gefährdete Person, als Waffenhersteller oder -händler oder als Bewachungsunternehmer) und die Geeignetheit und Erforderlichkeit der Waffen oder Munition für den beantragten Zweck glaubhaft gemacht sind.

Nach der Rechtssprechung soll die Zahl der Personen, die außerhalb ihrer Wohnung, Geschäftsräume oder umfriedeten Besitztums Waffen tragen, auf das unbedingt notwendige Maß beschränkt werden.

Nur in Ausnahmefällen hat die Sicherheit des Einzelnen Vorrang vor der öffentlichen Sicherheit. Dies kann nur dann der Fall sein, wenn das Leben des Antragstellers objektiv mehr gefährdet ist, als das eines Durchschnittsbürgers.

Folgende Punkte muss der Antragssteller insbesondere bei Beantragung eines Waffenscheines glaubhaft machen:

- **Mehrgefährdung**
- **Geeignetheit und Erforderlichkeit der Waffe** für den beantragten Zweck, d. h. in typischen Verteidigungssituationen muss die Schusswaffe zur tatsächlichen Verteidigung geeignet sein, was Schnelligkeit und Sicherheit im Umgang mit der Waffe voraussetzt.
- Es gibt **keine andere zumutbare Möglichkeit**, die Gefährdung zu verringern.

Die zuständige Behörde hat das Fortbestehen des Bedürfnisses bei Inhabern einer waffenrechtlichen Erlaubnis alle fünf Jahre erneut zu überprüfen.

Zur Erforschung des Sachverhalts kann die zuständige Behörde in begründeten Einzelfällen das persönliche Erscheinen des Antragstellers oder des Erlaubnisinhabers verlangen.

Bedürfnis als Voraussetzung für die Erteilung einer waffenrechtlichen Erlaubnis (§ 8 WaffG)

Priviligierung von Jägern und Sportschützen

Jäger und Sportschützen werden bei der Erteilung waffenrechtlicher Erlaubnisse im Hinblick auf das Bedürfnis privilegiert.

Privilegierung für Jagdscheininhaber

Ein Bedürfnis für den Erwerb und Besitz von Schusswaffen und der dafür bestimmten Munition wird bei Inhabern eines gültigen Jagdscheines anerkannt, wenn

- glaubhaft gemacht wird, dass sie Schusswaffen und Munition zur Jagdausübung oder zum Training im jagdlichen Schießen einschließlich jagdlicher Schießwettkämpfe benötigen, und
- die zu erwerbende Schusswaffe und Munition nach dem Bundesjagdgesetz in der zum Zeitpunkt des Erwerbs geltenden Fassung nicht verboten ist (Jagdwaffen und -munition).

Privilegierung für Sportschützen
(§ 14 II, III WaffG)

- **Voraussetzungen im Einzelfall**
  - Mitglied in Schießsportverein, der einem anerkannten Schießsportverband angehört
  - Vorlage einer Bescheinigung dieses Schießsportverbandes, aus der hervorgeht, dass er ohne Unterbrechung seit mindestens einem Jahr den Schießsport im Verein ernsthaft betreibt und dass die erstrebte Waffe für eine anerkannte Sportdisziplin zugelassen und erforderlich ist
- Innerhalb von sechs Monaten nur Erwerb von zwei Schusswaffen
- **„Gesteigertes Bedürfnis"**
  (= Besitz von mehr als drei halbautomatischen Langwaffen und mehr als zwei mehrschüssigen Kurzwaffen) dann, wenn eine weitere Bescheinigung vorgelegt wird, dass eine weitere Waffe zur Ausübung weiterer Sportdisziplinen benötigt wird oder zur Ausübung des Wettkampfsports erforderlich ist (vgl. § 14 III WaffG).

Erläuterungen

Das Bedürfnis als Voraussetzung für die Erteilung waffenrechtlicher Erlaubnisse (§ 8 WaffG)

Allgemeines
Das Bedürfnisprinzip ist das Kernstück des Deutschen Waffenrechts. Durch den Filter des Bedürfnisses soll die Zahl der Personen, die außerhalb ihrer Wohnung, Geschäftsräume oder umfriedeten Besitztums Waffen tragen, auf das unbedingt notwendige Maß reduziert werden. Nur in Ausnahmefällen hat die Sicherheit des Einzelnen Vorrang vor der öffentlichen Sicherheit. Dies kann nur dann der Fall sein, wenn das Leben des Antragstellers objektiv mehr gefährdet ist, als das eines Durchschnittsbürgers.

Demnach muss der Antragsteller insbesondere bei Beantragung eines Waffenscheins glaubhaft machen, dass er einer **Mehrgefährdung** ausgesetzt ist und dass die Waffe für den beantragten **Zweck geeignet und erforderlich** ist. Das bedeutet, dass die Waffe in der typischen Verteidigungssituation zur tatsächlichen Verteidigung geeignet sein muss. Voraussetzung dafür ist, dass der Antragsteller die Waffe schnell und sicher handhaben kann.

Außerdem darf es **keine andere zumutbare Möglichkeit geben**, um die Gefährdung des Antragstellers zu verringern.

Die zuständige Behörde hat das Fortbestehen des Bedürfnisses bei Inhabern einer waffenrechtlichen Erlaubnis alle fünf Jahre erneut zu überprüfen.

Zur Erforschung des Sachverhalts kann die zuständige Behörde in begründeten Einzelfällen das persönliche Erscheinen des Antragstellers oder des Erlaubnisinhabers verlangen.

Jäger und Sportschützen werden bei der Erteilung waffenrechtlicher Erlaubnisse im Hinblick auf das Bedürfnis privilegiert. Die Privilegierungen für Jäger werden ausführlich in Kapitel 14 dargestellt.

Für Sportschützen gilt nach § 14 II, III WaffG, dass ihnen durch ihre Mitgliedschaft in einem nach § 15 I WaffG anerkannten Schießsportverein ein Bedürfnis unterstellt wird.

Im Einzelnen gilt, dass der Schießsportverein einem anerkannten Schießsportverband angehören muss. Außerdem muss der Antragsteller eine Bescheinigung dieses Verbandes vorlegen, die belegt, dass er ohne Unterbrechung seit mindestens einem Jahr den Schießsport ernsthaft betreibt und die beantragte Waffe für eine anerkannte Sportdisziplin zugelassen und erforderlich ist.

Es dürfen innerhalb von sechs Monaten nur zwei Schusswaffen erworben werden.

Weist der Antragsteller ein **gesteigertes Bedürfnis** mit einer weiteren Bescheinigung nach, so darf er mehr als drei halbautomatische Langwaffen und mehr als zwei mehrschüssige Kurzwaffen besitzen, wenn die weitere Waffe zur Ausübung weiterer Sportdisziplinen oder zur Ausübung des Wettkampfsports benötigt wird (vgl. § 14 III WaffG).

Arten der waffenrechtlichen Erlaubnisse

Welche Tätigkeiten in Zusammenhang mit Waffen und Munition sind erlaubnispflichtig? (§ 10 WaffG)

Erwerb und Besitz von Schusswaffen und Munition	**Führen** von Schusswaffen	**Schießen** mit einer Schusswaffe	**Munition** sofern die Erwerbsberechtigung nicht in einer Waffenbesitzkarte eingetragen ist
Waffenbesitzkarte § 10 I, II WaffG Munitionserwerbserlaubnis	**Waffenschein** § 10 IV WaffG	**Erlaubnisschein** § 10 V WaffG	**Munitionserwerbsschein** § 10 III WaffG

Arten der waffenrechtlichen Erlaubnisse

Die Waffenbesitzkarte (§§ 10 I, II, § 13 II WaffG)

- höchstpersönliche, behördliche Erlaubnis zum Erwerb und Besitz von Waffen und Munition
- Neuausstellung oder Eintragung in bereits vorhandene WBK
- **Legitimationspapier**, anhand dessen die Behörden sofort die Berechtigung zum Besitz überprüfen können
- eine Waffenbesitzkarte über Schusswaffen, die mehrere Personen besitzen, kann auf diese Personen ausgestellt werden

Anzeige- und Eintragungsfrist

Innerhalb von zwei Wochen nach Erwerb müssen
- Erwerb
- Name und Anschrift des Überlassenden **schriftlich** bei der zuständigen Behörde angezeigt werden und
- Vorlage der WBK zur Eintragung des Erwerbs

Achtung!
Wird die Eintragung nicht innerhalb dieser Frist vorgenommen, so kann ein Bußgeld verhängt werden (vgl. § 53 I Nr. 5, 7 WaffG). Außerdem kann die Verletzung der Anzeige- und Vorlagepflicht die Zuverlässigkeit in Frage stellen.

Besonderheiten für schießsportliche Vereine oder jagdliche Vereinigungen
(§ 10 II S. 2 WaffG)

- Abkehr vom Prinzip der Höchstpersönlichkeit durch Neuregelung des WaffG
- WBK kann auch einem **schießsportlichen Verein** oder einer **jagdlichen Vereinigung als juristische Person** erteilt werden, die einen Waffenwart als verantwortliche Person benennen muss (vgl. § 10 II WaffG).
  Diese Person muss die Voraussetzungen des § 4 I WaffG erfüllen und der zuständigen Behörde bekannt gegeben sein.

Erwerb von Munition, die nicht zu einer in der WBK eingetragenen Waffe gehört:

Erteilung eines Munitionserwerbsscheines

- Befristung für den Erwerb: sechs Jahre
- Befristung für den Besitz: keine

Notwendige Angaben

- Anzahl und
- Kaliber der Schusswaffen
- Art

Geltungsdauer

- Erlaubnis zum **Erwerb** einer Waffe gilt für **ein Jahr**
  Ausnahme:
  Sportschützen § 14 IV WaffG, hier gilt die Erwerbserlaubnis für die genannten Waffen unbefristet
- Erlaubnis zum **Besitz** gilt in der Regel **unbefristet**

Besonderheiten für Sportschützen
(§ 14 IV WaffG)

Sportschützen wird kraft Gesetzes eine unbefristete Erwerbserlaubnis für bestimmte Waffenarten erteilt

Die Erleichterungen für den Jäger bei der Beantragung einer WBK (§ 13 III WaffG) siehe Kapitel 14.

Arten der waffenrechtlichen Erlaubnisse

Der Waffenschein

Erlaubnis zum Führen einer Schusswaffe (Bedürfnisprüfung!)

Geltungsbereich (§ 10 IV S. 3 WaffG)

Beschränkung auf bestimmte Anlässe oder bestimmtes Gebiet, es sei denn ein darüber hinausgehendes Bedürfnis wird nachgewiesen.

Geltungsdauer (§ 10 IV S. 2 WaffG)

Für bestimmte Schusswaffen gilt der Waffenschein für **höchstens drei Jahre**.

Die Geltungsdauer kann auch kürzer festgelegt werden, z. B. wenn das Bedürfnis nicht für drei Jahre anzuerkennen ist.

Die Verlängerung ist zweimal um höchstens drei Jahre möglich. Hierbei wird jeweils eine allumfassende Neuprüfung durchgeführt.

Der Kleine Waffenschein (§ 10 IV WaffG)

Kleiner Waffenschein (§ 10 IV WaffG) **für Schreckschuss-, Reizstoff- und Signalwaffen** (Anlage 1, Abschnitt 1, Unterabschnitt 1 Nr. 1.2.1)

- Erlaubnis zum Führen von Schreckschuss-, Reizstoff- und Signalwaffen
- Antragsteller muss zuverlässig nach § 5 WaffG sein und die persönliche Eignung nach § 6 WaffG haben
- Sachkunde und Bedürfnisprüfung entfällt
- Haftpflichtversicherungsnachweis nicht erforderlich
- Erteilung unbefristet und nicht für bestimmte Waffen, sondern für zugelassene Schreckschuss-, Reizstoff- und Signalwaffen
- Regelungsüberprüfung (mindestens nach Ablauf von drei Jahren) der Zuverlässigkeit und persönlichen Eignung (vgl. § 4 III WaffG).

Hintergrundwissen:

Grund für die Einführung des Kleinen Waffenscheins war, dass weit über die Hälfte der in Deutschland mit Schusswaffen verübten Delikte mit solchen Waffen begangen wurden, die bis dahin erlaubnisfrei zu führen waren und nur der Altersbeschränkung von mindestens 18 Jahren unterlagen.

Arten der waffenrechtlichen Erlaubnisse

Der Erlaubnisschein (Schießerlaubnis) (§ 10 V WaffG)

Voraussetzungen:

- keine besonderen Formerfordernisse
- Erteilung vor dem Schießen
- erlaubnispflichtig ist jegliches Schießen, außer auf genehmigten Schießstätten i. S. v. § 27 WaffG
- beachte jedoch Ausnahmeregelungen (siehe dazu Kapitel 13 und 14)

Kurzübersicht Ausnahmetatbestände
(mehr dazu unter Kapitel 13 und 14)

- § 12 IV Schießen auf Schießstätten
- § 12 V weitere Ausnahmen im Einzelfall
- § 13 VI befugte Jagdausübung
- § 13 VII Jugendjagdscheininhaber für die Dauer der Jagd etc.
- § 16 IV Brauchtumsschützen

Erläuterungen

Arten der waffenrechtlichen Erlaubnisse
Welche Tätigkeiten in Zusammenhang mit Waffen und Munition sind erlaubnispflichtig? (§ 10 WaffG)
§ 10 WaffG regelt die Form der in der Regel höchstpersönlichen Erlaubniserteilung für die häufigsten Arten des Umgangs mit Waffen und Munition. Dies sind der Erwerb und Besitz, das Führen und Schießen. Abweichend von den für grundsätzlich alle Personen geltenden Vorschriften gibt es für gewisse Personengruppen wie z. B. Jäger, Sportschützen und Waffensammler bestimmte Ausnahmeregelungen (siehe dazu Kapitel 13 und 14).

Waffenbesitzkarte (§§ 10 I, II, § 13 II WaffG)
Zum Erwerb und Besitz von Waffen und Munition benötigt man eine behördliche Erlaubnis in Form einer Waffenbesitzkarte. Sie stellt ein Legitimationspapier dar, anhand dessen die Behörden sofort die Besitzberechtigung überprüfen können. Eine Waffenbesitzkarte über Schusswaffen, die mehrere Personen besitzen, kann auf diese Personen ausgestellt werden. Beispiel: Vater und Sohn wohnen in häuslicher Gemeinschaft und sind beide Jagdscheinbesitzer. Sie nutzen gemeinsam die gleichen Waffen, dann können beide als Berechtigte in eine Waffenbesitzkarte eingetragen werden, dadurch müssen keine Ausleihbescheinigungen ausgestellt werden. Die Waffenbesitzkarte berechtigt zum Erwerb einer Schusswaffe. Angegeben werden muss dabei die Anzahl, Art und Kaliber der Schusswaffen. Die Eintragung der Waffe in die Waffenbesitzkarte ist das entscheidende Element der Erlaubnis. Bei der Geltungsdauer wird unterschieden zwischen der in der Waffenbesitzkarte eingetragenen Erwerbserlaubnis und der Besitzerlaubnis. Die Erlaubnis zum Erwerb einer Schusswaffe ist auf ein Jahr begrenzt, die Besitzerlaubnis gilt unbegrenzt. Lediglich bei Sportschützen gilt auch die Erwerbserlaubnis unbefristet. Beim Erwerb von Munition, die nicht zu einer in der Waffenbesitzkarte eingetragenen Waffe gehört, muss ein **Munitionserwerbsschein** erteilt werden.

Auch hier wird zwischen Erwerbs- und Besitzerlaubnis unterschieden. Die Erlaubnis zum Erwerb der Munition gilt sechs Jahre, die Besitzerlaubnis gilt unbefristet. Beim Erwerb einer Schusswaffe muss innerhalb von zwei Wochen der Erwerb sowie Name und Anschrift des Überlassenden schriftlich bei der zuständigen Behörde angezeigt und die Waffenbesitzkarte zur Eintragung vorgelegt werden.

Wird die Eintragung nicht innerhalb dieser Frist vorgenommen, so kann ein Bußgeld verhängt werden (vgl. § 53 I Nr. 5, 7 WaffG). Ferner kann durch die Verletzung der Anzeige- und Vorlagepflicht auch die Zuverlässigkeit in Frage gestellt werden.

Durch die Neuregelung des Waffenrechts kann jetzt auch einem schießsportlichen Verein oder einer jagdlichen Vereinigung eine Waffenbesitzkarte erteilt werden. Dies war bis dahin nicht möglich, weil man die Waffenbesitzkarte als höchstpersönliche Erlaubnis ansah, die nur einer Person und nicht einer Personenmehrheit erteilt werden konnte. Voraussetzung ist, dass der Verein einen Waffenwart als verantwortliche Person benennt, der die Voraussetzungen des § 4 I WaffG erfüllt (volljährig, zuverlässig, sachkundig, persönlich geeignet, bedürftig und versichert) und der Behörde bekannt gegeben ist. Zu den Erleichterungen für Jäger bei der Erteilung einer Waffenbesitzkarte siehe Kapitel 14.

Waffenschein (§ 10 IV WaffG)
Der Waffenschein ist die behördliche höchstpersönliche Erlaubnis zum Führen einer erlaubnispflichtigen Schusswaffe in der Öffentlichkeit, allerdings nicht bei öffentlichen Versammlungen oder Aufzügen. Das Versammlungsrecht verbietet das Führen von Waffen bei derartigen Anlässen. Der Waffenschein wird für höchstens drei Jahre erteilt, danach ist er neu zu beantragen (vgl. § 10 IV S. 2 WaffG). Außerdem ist der Geltungsbereich des Waffenscheins auf bestimmte Anlässe oder Gebiete zu beschränken, wenn ein darüber hinausgehendes Bedürfnis nicht nachgewiesen ist (vgl. § 10 IV S. 3 WaffG).

Kleiner Waffenschein (§ 10 IV S. 4 WaffG)
Der Kleine Waffenschein berechtigt den Inhaber zum **Führen von den Schusswaffen gleichgestellten Signal-, Reizstoff- und Schreckschusswaffen**, welche das **PTB-Prüfzeichen** (= Physikalisch-Technische Bundesanstalt) aufweisen. Er wurde eingeführt, weil weit über die Hälfte der mit Schusswaffen verübten Delikte in Deutschland mit Waffen aus den genannten Gruppen ausgeführt wurden, die bis dahin erlaubnisfrei zu führen waren. Sie unterlagen lediglich der Altersbeschränkung von 18 Jahren. Bei der Erteilung wird nur geprüft, ob der Antragsteller zuverlässig im Sinne des § 5 WaffG und persönlich geeignet im Sinne des § 6 WaffG ist.

Erläuterungen

Der Kleine Waffenschein wird unbefristet und für die Gruppe der genannten Waffenarten erteilt. Allerdings unterfällt er der Regelüberprüfung nach § 4 III WaffG, wonach Inhaber waffenrechtlicher Erlaubnisse durch die Behörde in regelmäßigen Abständen, mindestens jedoch nach Ablauf von drei Jahren auf ihre Zuverlässigkeit und persönliche Eignung zu überprüft werden. Der Kleine Waffenschein wird tatsächlich nur dann benötigt, wenn die Waffe außerhalb des Privatgeländes geführt wird, er erlaubt nicht die Benutzung der Waffe. Lediglich in Notwehrsituationen ist eine Schussabgabe auch ohne Kleinen Waffenschein erlaubt. Es gelten bei öffentlichen Versammlungen und Aufzügen die gleichen Verbote wie beim Waffenschein.

Der Erlaubnisschein (Schießerlaubnis) (§ 10 V WaffG)
Der Erlaubnisschein ist an keine besondere Form gebunden. Außerhalb von Schießstätten ist jegliches Schießen mit einer Schusswaffe erlaubnispflichtig.
Ausnahmen gelten hierbei für das Schießen auf Schießstätten (§ 12 IV WaffG).

Weitere Ausnahmen (§ 12 V WaffG)
befugte Jagdausübung (§ 13 VI WaffG), Jugendjagdscheininhaber für die Dauer der Jagdausübung, des jagdlichen Schießtrainings und jagdlicher Schießwettkämpfe (§ 13 VII WaffG) und für Brauchtumsschützen (§ 16 IV WaffG)

Ausnahmen von den waffenrechtlichen Erlaubnispflichten für Nichtjäger

Ausnahmen von Erlaubnispflichten für Personen, die nicht Jäger sind (§ 12 WaffG)
Entbehrlichkeit einer Waffenbesitzkarte (§ 12 I WaffG)

§ 12 I Nr. 1 WaffG

§ 12 I Nr. 2 WaffG

vorübergehender Erwerb vom Berechtigten

für max. **einen Monat** für einen vom **Bedürfnis** umfassten Zweck *)

Beispiel:
Ausleihe einer Jagdwaffe von Jäger an Jäger für die Jagd

zum Zweck der sicheren **Verwahrung** oder **Beförderung** *)

Beispiel:
Aufbewahrung während des Urlaubs, Mitnahme der Waffe zum Schießstand

- zur gewerbsmäßigen Beförderung (Paketdienst)
- zur gewerbsmäßigen Lagerung (Waffenhändler Kommissionsware)
- zur gewerbsmäßigen Ausführung von Verschönerungsarbeiten o. ä. (Büchsenmacher, Schäfter, Graveur)

*) Gilt nur von WBK-Inhaber zu WBK-Inhaber mit gleichem Erwerbsniveau. Soll die Waffe erlaubnisfrei geführt werden, so ist der Name des Überlassenden, der Name des Besitzberechtigten und das Datum des Überlassens in einem Beleg festzuhalten. Es wird empfohlen, diese Bescheinigung in jedem Fall des Überlassens auszustellen.

§ 12 I Nr. 3 WaffG

Erwerb von Berechtigtem und Besitzausübung an Weisungen des Berechtigten gebunden, wenn und solange er

- in Ausbildungs- oder Arbeitsverhältnis bei Berechtigtem ist (Büchsenmacherlehrling)
- Beauftragter oder Mitglied einer jagdlichen oder schießsportlichen Vereinigung (Jagdkursleiter, Waffenausbilder), Vereinigung zur Abgabe von Startschüssen (Segelregatta) oder einer waffentragenden Vereinigung zur Brauchtumspflege ist (Schützenfest)
- Charterer von seegehenden Schiffen zur Abgabe von Seenotsignalen ist

Ausnahmen von den waffenrechtlichen Erlaubnispflichten für Nichtjäger

Ausnahmen von Erlaubnispflichten für Personen, die nicht Jäger sind (§ 12 WaffG)
Entbehrlichkeit einer Waffenbesitzkarte (§ 12 I WaffG)

§ 12 I Nr. 4 WaffG

Rückerwerb von einem anderen,
dem er die Waffe vorübergehend überlassen hat, ohne dass hierfür eine Eintragung in die Erlaubnisurkunde nötig war (Reinigung, nicht gewerbliche (freundschaftliche) Instandsetzung)

Rückerwerb nach Abhandenkommen
(Rücknahme einer aus dem Waffenschrank entwendeten Waffe von der Polizei)

Achtung:
verlorene Waffe im Wald = unzuverlässig

Eine Erlaubnis zum Erwerb und Besitz einer Waffe bedarf nicht:
- vorübergehender Entleihe durch WBK-Inhaber
- vorübergehende Verwahrung, Beförderung (nicht gewerblich) durch WBK-Inhaber
- gewerbsmäßige Beförderung, Lagerung, Ausführung von Verschönerungsarbeiten an der Waffe
- Besitz an Weisungen des Berechtigten gebunden im Rahmen
  - eines Arbeits- oder Ausbildungsverhältnisses
  - als Beauftragter eines jagdlichen oder schießsportlichen Vereins, sportlichen Vereins, Vereins zur Brauchtumspflege, Charterer eines seegängigen Schiffes
- Wiedererwerb nach vorübergehendem oder unfreiwilligem Besitzverlust
- Vorübergehender Erwerb zum Schießen auf einer Schießstätte

§ 12 I Nr. 5 WaffG
Vorübergehender Erwerb
zum Schießen auf Schießstätte gemäß § 27 WaffG

§ 12 I Nr. 6 WaffG
Mitnahme auf Reisen
(vergleiche § 32 WaffG)

§ 12 II WaffG
Entbehrlichkeit einer Erwerbsberechtigung (Eintrag in WBK / Munitionserwerbschein) bei Erwerb und Besitz von Munition dann, wenn

- Erwerb unter den Voraussetzungen der Nr. 1 - 4
- Erwerb zum sofortigen Verbrauch auf der Schießstätte (§ 27 WaffG)
- berechtigte Mitnahme auf einer Reise in oder durch den Geltungsbereich des Gesetzes

Ausnahmen von den waffenrechtlichen Erlaubnispflichten für Nichtjäger

Ausnahmen von Erlaubnispflichten für Personen, die nicht Jäger sind (§ 12 WaffG)
Entbehrlichkeit einer Waffenbesitzkarte (§ 12 III WaffG)

§ 12 III Nr. 1 WaffG

- **Waffenführen in fremden Räumlichkeiten** ist ohne Erlaubnis möglich, wenn der **Inhaber des Hausrechts vorher zustimmt** und ein **Bedürfnis zum Führen** der Schusswaffe vorliegt. Nicht erlaubt ist z. B., dass ein Sportschütze mit seiner Waffe als Türsteher eines Lokals fungiert.
- **Waffenführen im eigenen befriedeten Besitztum** ist ebenfalls **ohne Erlaubnis** möglich

§ 12 III Nr. 2 WaffG

Waffentransport
keine Erlaubnis notwendig, wenn
- Transport in **nicht schussbereitem und nicht zugriffsbereitem Zustand** erfolgt und
- zu einem **vom Bedürfnis gedecktem Zweck** stattfindet

Beispiel:
Transport der Waffe zum Schießstand oder zum Büchsenmacher

§ 12 III Nr. 3 WaffG

Transport von nicht schussbereiten Langwaffen zu genehmigten Sportwettkämpfen auf festgelegten Wegstrecken (Biathlon)

Schussbereit

Eine Waffe ist schussbereit, wenn sie geladen ist, d. h., dass Munition oder Geschosse in der Trommel, im in die Waffe eingefügten Magazin oder im Patronen- oder Geschosslager sind, auch wenn sie nicht gespannt ist.

Zugriffsbereit

Zugriffsbereit ist eine Schusswaffe, wenn sie unmittelbar in Anschlag gebracht werden kann. Sie ist nicht zugriffsbereit, wenn sie in einem verschlossenen Behältnis mitgeführt wird.

Beispiel:
Halfter, nur mit einem Reißverschluss geschlossene Gewehrtasche, offenes Handschuhfach

Ausnahmen von den waffenrechtlichen Erlaubnispflichten für Nichtjäger

Ausnahmen von Erlaubnispflichten für Personen, die nicht Jäger sind (§ 12 WaffG)
Entbehrlichkeit einer Waffenbesitzkarte (§ 12 III WaffG)

§ 12 III Nr. 4 WaffG

Führen von Signalwaffen

- für Bergsteiger
- Bootsführer
- Not- und Rettungsübungen

§ 12 III Nr. 5 WaffG

Führen von Startpistolen
(= Schreckschuss- oder Signalwaffe)

zur Abgabe von Start- oder Beendigungszeichen bei Sportveranstaltungen, wenn optische oder akustische Signalgebung erforderlich ist

Beispiel: Regatta

§ 12 III Nr. 6 WaffG

Vorübergehenden Aufbewahrung von Waffen außerhalb der Wohnung diesen ein wesentliches Teil entnimmt und mit sich führt;
mehrere mitgeführte wesentliche Teile dürfen nicht zu einer schussfähigen Waffe zusammengefügt werden können.

Ausnahmen von den waffenrechtlichen Erlaubnispflichten für Nichtjäger

Ausnahmen von Erlaubnispflichten für Personen, die nicht Jäger sind (§ 12 WaffG)
Entbehrlichkeit einer Waffenbesitzkarte (§ 12 IV WaffG)

§ 12 IV S. 1 WaffG

Schießen auf einer Schießstätte
(§ 27 WaffG)

§ 12 IV S. 2 Nr. 2 WaffG

Keine Schießerlaubnis beim Schießen außerhalb einer Schießstätte
(§ 27 WaffG)

Schießen durch Hausrecht gedeckt

- mit **Schusswaffen**, deren Bewegungsenergie kleiner als 7,5 J ist, oder deren Bauart nach § 7 des Beschussgesetzes zugelassen ist, sofern die Geschosse das Besitztum nicht verlassen können
- mit Schusswaffen aus denen nur **Kartuschenmunition** (keine Geschosse) verschossen werden kann
(§ 12 IV S. 2 Nr. 1 a. b WaffG)

Schießen mit Langwaffen an Schießständen bei Biathlonwettkämpfen
(§ 12 IV S. 2 Nr. 2 WaffG)

Verschießen von Kartuschenmunition

- bei Theateraufführungen o. ä.
- Vertreiben von Vögeln in der Landwirtschaft
(§ 12 IV S. 2 Nr. 3 WaffG)

Schießen mit Signalwaffen und bei Notfall- und Rettungsübungen
(§ 12 IV S. 2 Nr. 4 WaffG)

Starterwaffen bei Sportveranstaltung

neben Signalwaffen auch Schreckschusswaffen zulässig
(§ 12 IV S. 2 Nr. 5 WaffG)

Erläuterungen

Ausnahmen von Erlaubnispflichten für Personen, die nicht Jäger sind (§ 12 WaffG)
§ 12 WaffG fasst die wichtigsten Ausnahmeregelungen des Waffenrechts in einer Bestimmung zusammen. Es handelt sich um typische und praxisrelevante Ausnahmefälle bei Erwerb und Besitz (§ 12 I WaffG), Munition (§ 12 II WaffG), Führen (§ 12 III WaffG) und Schießen (§ 12 IV WaffG).

(2) Einer Erlaubnis zum Erwerb und Besitz von Munition bedarf nicht, wer diese

1. unter den Voraussetzungen des Absatzes 1 Nr. 1 bis 4 erwirbt;
2. unter den Voraussetzungen des Absatzes 1 Nr. 5 zum sofortigen Verbrauch lediglich auf dieser Schießstätte (§ 27) erwirbt;
3. auf einer Reise in den oder durch den Geltungsbereich des Gesetzes nach § 32 berechtigt mitnimmt.

Entbehrlichkeit eines Waffenscheins (§ 12 III WaffG)

Waffen führen in fremden Räumlichkeiten (§ 12 III Nr. 1 WaffG)
Einer Erlaubnis zum Führen von Waffen bedarf nicht, wer die Waffe in fremden Räumlichkeiten mit vorheriger Zustimmung des Inhabers des Hausrechts führt, wenn ein Bedürfnis zum Führen der Schusswaffe vorliegt. Zustimmung und Bedürfnis sind kumulative Voraussetzungen. Ein Bedürfnis zum Führen einer Waffe in fremdem Besitztum wird nur im Ausnahmefall vorliegen. Das Führen darf ausschließlich zu einem vom Bedürfnis umfassten Zweck erfolgen. Daraus ergibt sich eindeutig, dass z. B. Sport- oder Jagdwaffen nicht zu Wachaufgaben im Bereich des Wohnungsinhabers genutzt werden dürfen.

Waffentransport (§ 12 III Nr. 2 WaffG)
Schusswaffen dürfen beim Transport zum Schießstand oder Büchsenmacher weder schuss- noch zugriffsbereit sein; dies gilt auch für den Transport durch Jäger.

Für die Fahrt zum Schießstand oder Büchsenmacher folgt daraus, dass die Schusswaffe im Fahrzeug am besten in einem (mit einem kleinen Zahlen- oder Vorhängeschloss) verschlossenen Futteral oder Waffenkoffer transportiert wird, da die Waffe dann auf jeden Fall „nicht zugriffsbereit“ im Sinne der Vorschrift ist.

Soweit Waffen in unverschlossenen Behältnissen transportiert werden, sind sie nur dann „nicht zugriffsbereit“, wenn sie nicht innerhalb von drei Sekunden und mit weniger als drei Handgriffen unmittelbar in Anschlag gebracht werden können.

Wer Schusswaffen im Fahrzeug auf Reisen beispielsweise zu einer weiter entfernten Jagdveranstaltung transportiert, muss stets die forderlichen Vorkehrungen treffen, um zu verhindern, dass Waffen und Munition abhanden kommen oder Dritte sie unbefugt an sich nehmen. Darüber hinaus sind Schusswaffen grundsätzlich getrennt von der Munition aufzubewahren, sofern sie nicht in einem entsprechenden Sicherheitsbehältnis aufbewahrt werden. Welche Vorkehrungen konkret zu treffen sind, ist abhängig vom Einzelfall und vom verantwortungsbewussten Waffenbesitzer in der jeweiligen Situation abzuwägen. Dies bedeutet, dass ein Fahrzeug mit Schusswaffen nicht über einen längeren Zeitraum unbeaufsichtigt abgestellt werden darf und die Waffen nicht von außen erkennbar sein sollten. Bei Hotelübernachtungen ist die Waffe ggf. im Hotelzimmer oder Hotelsafe einzuschließen, damit sie nicht aus einem abgestellten Fahrzeug entwendet werden kann. Zusätzliche Sicherungen an der Schusswaffe in Form von Abzugs- oder Waffenschlössern sind eine sinnvolle Ergänzung. Sinnvoll sind jedenfalls auch die von der Physikalisch-Technischen Bundesanstalt zugelassenen elektronischen Sicherungssysteme. Ebenso kann die Entfernung wesentlicher Waffenteile (z. B. Schloss, Kammerstängel, Vorderschaft) sinnvoll sein (Nr. 12.3.3.2 WaffVwV und Kapitel 17).

Transport zu genehmigten Sportwettkämpfen (§ 12 III Nr. 3 WaffG)
Durch diese Vorschrift wird klargestellt, dass das Führen von Langwaffen im Biathlonsport auch außerhalb genehmigter Schießstätten keiner Erlaubnis bedarf.

Signalwaffe (§ 12 III Nr. 4 WaffG)
Das Führen von Signalwaffen durch Bergsteiger, Bootsführer und bei Not- und Rettungsübungen ist ohne Waffenschein erlaubt.

Startpistole (§ 12 III Nr. 5 WaffG)
Werden Schreckschuss- oder Signalwaffen bei Sportveranstaltungen zur Abgabe von Start- oder Beendigungszeichen verwendet, so ist dies ebenfalls ohne Erlaubnis möglich.

Erläuterungen

Vorübergehenden Aufbewahrung von Waffen außerhalb der Wohnung (§ 12 III Nr. 6 WaffG)
Eine Genehmigung zum Führen bedarf es nicht, wenn man bei der Aufbewahrung von Waffen außerhalb seiner Wohnung dieser Waffe ein wesentliches Teil entnimmt und mit sich führt. Aus den mitgeführten wesentlichen Teilen darf keine Waffe zusammengesetzt werden können.

Entbehrlichkeit einer Schießerlaubnis (§ 12 IV WaffG)
Derjenige, der auf einer Schießstätte nach § 27 WaffG schießt, bedarf keiner Erlaubnis. Für das Schießen außerhalb von Schießstätten zählt § 12 IV Nr. 1 - 5 WaffG die Freistellungsfälle abschließend auf. Nach § 12 IV Nr. 1 WaffG bedarf es dann keiner Schießerlaubnis, wenn das **Schießen vom Hausrecht gedeckt** ist. Das bedeutet, dass der Hausrechtsinhaber selbst schießt oder dies mit seiner Zustimmung innerhalb seines befriedeten Besitztums geschieht. Geschossen werden darf dabei nur entweder mit Schusswaffen, deren Bewegungsenergie kleiner als 7,5 J ist, oder deren Bauart nach § 7 des Beschussgesetzes zugelassen ist, sofern die Geschosse das Besitztum nicht verlassen können. Geschossen werden darf auch mit Schusswaffen aus denen nur Kartuschenmunition (keine Geschosse) verschossen werden kann (§ 12 IV S. 2 Nr. 1 a. b WaffG).

Für das **Schießen mit Langwaffen an Schießständen bei Biathlonwettkämpfen** ist nach § 12 IV Nr. 2 WaffG ebenfalls keine Schießerlaubnis erforderlich.

Beim ausschließlichen **Verschießen von Kartuschenmunition durch Mitwirkende einer Theater- oder ähnlichen Vorführung** (Film- und Fernsehaufnahmen) sowie beim **Vertreiben von Vögeln in der Landwirtschaft** mit Knallkartuschen, beim Schießen mit Signalwaffen bei **Notfall- und Rettungsübungen** sowie beim Schießen mit Schreckschusswaffen als **Starterwaffen bei Sportveranstaltungen** (§ 12 IV Nr. 3 bis 5 WaffG) ist eine Schießerlaubnis ebenfalls entbehrlich.

Im Übrigen kann die zuständige Behörde nach 12 V WaffG weitere Ausnahmen im Einzelfall zulassen, sofern nicht Belange der öffentlichen Sicherheit und Ordnung entgegenstehen.

Ausnahmen von den waffenrechtlichen Erlaubnispflichten für Jäger (§ 13 WaffG)

Merke:
Unter einem Jäger versteht das Waffengesetz eine Person, die im Besitz eines **gültigen Jagdscheines** ist.

Allgemeines

Jäger (§ 13 II WaffG)

Inhabern eines gültigen Jahresjagdscheins wird ein anerkanntes **waffenrechtliches Bedürfnis** unterstellt.
Dieses Bedürfnis erstreckt sich auf so viele Langwaffen, wie der Einzelne zur Jagdausübung benötigt sowie auf zwei Kurzwaffen.

Voraussetzungen im Einzelnen:

- gültiger Jahresjagdschein
- Glaubhaftmachung, dass die Waffen für die Jagdausübung oder zum jagdlichen Schießen benötigt werden und
- die zu erwerbenden Waffen und Munition dürfen nicht nach § 19 I BJagdG verboten sein

Grund für die Privilegierung ist die schwierige und anspruchsvolle Jägerprüfung, die unter staatlicher Aufsicht abgelegt werden muss. Es sei deshalb vertretbar, Jäger bei Erwerb, Besitz und Umgang mit erlaubten Waffen und Munition weniger strengen waffenrechtlichen Bestimmungen zu unterwerfen.

Beachte:

Die jeweilige waffenrechtliche Erlaubnis ist auf den Bedürfniszweck beschränkt, d. h. bei Jägern auf die Jagdausübung, das jagdliche Schießtraining und jagdliche Schießwettkämpfe. Nicht erlaubt ist dem Jäger z. B. die Kurzwaffe zum Selbstschutz im Nachttisch unbeaufsichtigt aufzubewahren. Ausgenommen davon können konkrete Gefahrensituationen sein, dann kommt jedoch in der Regel das Notwehrrecht o. ä. zum Tragen.

Hinweis:

Halbautomatische Langwaffen dürfen nach dem § 19 I Nr. 2 c BJG bei der Jagd maximal mit drei Patronen geladen sein.

Länderspezifische jagdrechtliche Regelungen sind zu beachten (z. B. JWMG Baden-Württemberg erlaubt maximal fünf Patronen).

Achtung:

Ist der Jagdschein abgelaufen, wird nicht verlängert oder eingezogen, besteht in der Regel kein Bedürfnis mehr zum Besitzen von Waffen, die WBK kann eingezogen werden.

Ab dem ersten Tag ohne gültigen Jagdschein besitzt man Langwaffenmunition unrechtmäßig und macht sich strafbar.

Ausnahmen von den waffenrechtlichen Erlaubnispflichten für Jäger (§ 13 WaffG)

Erleichterungen für den Jäger bei Beantragung einer WBK
(§ 13 III WaffG)

- Kein Voreintrag für den Erwerb von Langwaffen (beachte § 19 BJG); Jahresjagdschein = Erwerbspapier (Erwerb von Kurzwaffen nur nach Voreintrag).
- Beantragung der Ausstellung einer WBK oder Eintragung in vorhandene WBK ist innerhalb von zwei Wochen durch den Erwerber zu beantragen.
- Jäger unter 25 Jahren, die erstmals eine Erwerbserlaubnis beantragen, müssen ihre geistige Eignung nicht durch ein fachärztliches Attest glaubhaft machen, da die anspruchsvolle Jägerprüfung unter staatlicher Aufsicht abgelegt wurde.

Inhaber eines gültigen Jagdscheins dürfen Schalldämpfer erwerben und besitzen, wenn diese ausschließlich mit für die Jagd zugelassenen Langwaffen für Munition mit Zentralfeuerzündung im Rahmen der Jagd und des jagdlichen Übungsschießens verwendet werden. Für den Erwerb, Besitz und die Aufbewahrung gelten die gleichen Vorschriften wie für Langwaffen.

Inhaber eines gültigen Jagdscheins dürfen waffenrechtlich Umgang mit Nachtsichtvorsätzen und Nachtsichtaufsätzen haben.

Jagdrechtliche Verbote oder Beschränkungen der Nutzung von Nachtsichtvorsatzgeräten und Nachtsichtaufsätzen bleiben unberührt.

Einrichtungen, die das Ziel beleuchten und Nachtzielgeräte sind weiterhin verboten.

Ausnahmen von den waffenrechtlichen Erlaubnispflichten für Jäger

Entbehrlichkeit einer Waffenbesitzkarte

§ 13 III WaffG

- **Erwerb und Besitz von Jagdwaffen, die Langwaffen (Jahresjagdschein = Erwerbspapier) sind**

  Beachte:
  Eintragung der Waffe in die WBK durch die Waffenbehörde innerhalb von zwei Wochen nach Erwerb

- **Erwerb und Besitz von Kurzwaffen nur nach entsprechendem Voreintrag (Art und Kaliber) in WBK**
  Jagdscheininhaber hat das Bedürfnis (§ 8 WaffG) zum Erwerb von zwei fangschussgeeigneten Kurzwaffen (mind. 200 Joule Mündungsenergie*).

  Beachte:
  Der Jagdscheininhaber hat binnen zwei Wochen der zuständigen Behörde unter Benennung von Name und Anschrift des Überlassenden den Erwerb schriftlich anzuzeigen und bei der zuständigen Behörde die Ausstellung einer Waffenbesitzkarte oder die Eintragung des Erwerbs in eine bereits erteilte Waffenbesitzkarte zu beantragen.

*) **Beachte Ländergesetze!** z. B. Baden-Württemberg Mindestenergie für die Fallenjagd 100 Joule

§ 13 V WaffG

Erwerb von Langwaffenmunition

Der Erwerber muss für die Munition keine Langwaffe besitzen, die Munition darf jedoch nicht verboten sein.

Beachte:
Für Erwerb von **Kurzwaffenmunition** ist eine Erwerbsberechtigung notwendig (**Munitionserwerbserlaubnis**), sie muss in WBK eingetragen sein oder es muss ein Munitionserwerbschein vorliegen

§ 13 IV WaffG

Ausleihe

(Erwerb und vorübergehender Besitz i. S. v. § 12 I Nr. 1 WaffG) **von Jagdwaffen mit gültigem Jagdschein**. Jagdschein ist in diesem Fall der Wirkung einer WBK gleichgestellt.

Ausleihen von Kurzwaffen ist dann möglich, wenn der Jagdscheininhaber im Besitz einer Waffenbesitzkarte ist, eine Kurzwaffe muss nicht eingetragen sein.

Es ist eine Ausleihbescheinigung mitzuführen aus der der rechtmäßige Besitzer, die Waffendaten und das Ausleihdatum hervorgeht.

Ausnahmen von den waffenrechtlichen Erlaubnispflichten für Jäger

Entbehrlichkeit einer Waffenbesitzkarte und der Schießerlaubnis (§ 13 IV WaffG)

Führen ohne Erlaubnis

Der Inhaber eines gültigen Jagdscheines (Jahres- oder Tagesjagdscheines) darf eine

Waffe schussbereit und zugriffsbereit ohne Erlaubnis führen,

- zur befugten **Jagdausübung**
- zum **Ein- und Anschießen** im Revier
- zur **Ausbildung von Jagdhunden** im Revier
- zum **Jagd- und Forstschutz**

Beachte:
Geltung der Unfallverhütungsvorschriften (UVV)

Schießen ohne Erlaubnis

- zur befugten Jagdausübung
- zum Ein- und Anschießen im Revier
- zur Ausbildung von Jagdhunden im Revier
- zum Jagd- und Forstschutz
- der befugten Jagdausübung gleichgestellt ist der Abschuss von Tieren, die dem Naturschutzrecht unterliegen, wenn die naturschutzrechtliche Ausnahme oder Befreiung die Tötung durch einen Jagdscheininhaber vorsieht

Waffe zugriffsbereit, aber nicht schussbereit ohne Erlaubnis führen, wenn die Tätigkeit in anerkannter Weise als **Folge oder Begleiterscheinung eines Bedürfnisses** vorgenommen wird.

Beispiel:
direkter Hin- und Rückweg zum Revier, Schüsseltreiben, auf dem Weg liegende Besorgungen wie Bank oder Post

Beim **Transport der Waffe** zum Büchsenmacher oder auf den Schießstand muss die Waffe ungeladen und nicht zugriffsbereit sein (z. B. in einem verschlossenen Futteral oder verschlossenen Waffenkoffer) (vgl. § 12 III Nr. 2 WaffG; siehe auch Kapitel 11).

Inhaber eines gültigen Jagdscheines benötigen auch zum Führen von Schreckschuss-, Reizstoff- und Signalwaffen innerhalb des Jagdreviers keinen Kleinen Waffenschein. Sie dürfen mit diesen Waffen im Rahmen der befugten Jagdausübung (z. B. Jagdhundeausbildung, Wildschadensverhütung, Jagdschutz) schießen. Insoweit liegt mit dem Jagdschein bereits eine äquivalente Erlaubnis vor (Nr. 13.6 WaffVwV).

Ausnahmen von den waffenrechtlichen Erlaubnispflichten für Jäger

Inhaber von Jugendjagdscheinen, Auszubildende im Jagdbereich (§§ 13 VII, VIII WaffG)

Führen von Schusswaffen durch Inhaber eines Jugendjagdscheines
(§ 16 BJagdG, § 13 VII WaffG)

Durch den Jugendjagdschein darf **keine Erlaubnis zum Erwerb oder Besitz von Schusswaffen** und der dazugehörigen Munition erteilt werden (Folge des Massakers in Erfurt).

Erwerb, Besitz, Führen und Schießen ist nur für die **Dauer der Jagdausübung, des jagdlichen Schießtrainings oder jagdlicher Schießwettkämpfe** ohne Erlaubnis zulässig.

Im **Zusammenhang mit diesen Tätigkeiten** darf der Inhaber des Jugendjagdscheines **Jagdwaffen nicht schussbereit** ohne Erlaubnis führen.

Merke:
Jugendjagdscheininhaber ist auf eine Leihwaffe angewiesen. Bei der Jagdausübung und auf dem Schießstand ist immer eine Aufsichtsperson vorgeschrieben, so dass damit der Gefahr des Schusswaffenmissbrauchs durch Jugendliche vorgebeugt wird.

Führen von Schusswaffen durch Auszubildende im Jagdbereich
(§ 13 VIII WaffG)

- **Zielgruppe:**
  Mindestalter 14 Jahre (hier ist eine Vollmacht der Erziehungsberechtigten notwendig und mitzuführen), aber auch Volljährige, die in der Jägerausbildung stehen
- Regelungsinhalt:
  Umgang (= Erwerb, Besitz und Führen) mit **nicht schussbereiten Waffen ohne Erlaubnis**
- enger **Zusammenhang mit Ausbildung**
- unter **Aufsicht des Ausbilders**
- **Berechtigungsbescheinigung bei Minderjährigen**

Beachte:
Schießen zu Ausbildungszwecken ist in § 27 V WaffG geregelt (siehe auch unter Kapitel 4).

Erläuterungen

Ausnahmen von den waffenrechtlichen Erlaubnispflichten für Jäger (§ 13 WaffG)

Anerkanntes waffenrechtliches Bedürfnis (§ 13 II WaffG)

In der Neuregelung des Waffengesetzes wurden die für bestimmte Personengruppen geltenden waffenrechtlichen Regelungen in einer Vorschrift zusammengefasst. § 13 WaffG wird daher auch häufig als der „Jägerparagraph" bezeichnet. Damit soll den Jägern als die größte Gruppe der Nutzer von Schusswaffen ermöglicht werden, auf einen Blick die Voraussetzungen für den gesetzmäßigen Umgang mit Schusswaffen und Munition zu erkennen. Nach dem Verständnis des Waffenrechts ist ein Jäger eine Person, die im Besitz eines gültigen Jagdscheines ist. Dem Inhaber eines gültigen Jahresjagdscheines wird ein anerkanntes waffenrechtliches Bedürfnis zum Erwerb und Besitz von Schusswaffen unterstellt. Die Privilegierung begründet sich in der anspruchsvollen und schwierigen Jägerprüfung, die unter staatlicher Aufsicht abgelegt werden muss. Aus diesem Grund ist es vertretbar, Jäger bei Erwerb, Besitz und Umgang mit Waffen weniger strengen waffenrechtlichen Bestimmungen zu unterwerfen.

Das Bedürfnis erstreckt sich auf so viele Langwaffen, wie der Einzelne zur Jagdausübung benötigt, sowie auf zwei Kurzwaffen.

Im Einzelnen müssen folgende Voraussetzungen erfüllt sein:

- Die Person muss im Besitz eines gültigen Jahresjagdscheines sein.
- Sie muss glaubhaft machen, dass die Waffen für die Jagdausübung oder zum jagdlichen Schießen benötigt werden.
- Die zu erwerbenden Waffen dürfen nicht nach § 19 I BJagdG verboten sein.

Zu beachten bleibt, dass die jeweilige waffenrechtliche Erlaubnis auf den Bedürfniszweck beschränkt ist, d. h. bei Jägern auf die Jagdausübung, das jagdliche Schießtraining und jagdliche Schießwettkämpfe. Nicht erlaubt ist dem Jäger z. B. die Aufbewahrung einer Kurzwaffe zum Selbstschutz im Nachttisch, weil dies nicht vom Bedürfniszweck umfasst ist.

Erleichterungen für Jäger bei Beantragung einer WBK (§ 13 III WaffG)

Bei der Beantragung einer WBK sind Jäger insoweit privilegiert, als sie für den Erwerb von Langwaffen keinen Voreintrag benötigen, da der Jahresjagdschein ein Erwerbspapier darstellt. Beim Erwerb von Kurzwaffen ist allerdings ein Voreintrag notwendig. Der Antrag auf Ausstellung einer WBK oder die Eintragung einer erworbenen Waffe in eine bereits vorhandene WBK ist innerhalb von zwei Wochen durch den Erwerber bei der zuständigen Behörde zu stellen und den Namen des Überlassenden schriftlich anzuzeigen. Auch müssen Jäger, die unter 25 Jahren alt sind, ihre geistige Eignung im Hinblick auf Umgang mit Waffen und Munition nicht durch ein fachärztliches Attest glaubhaft machen. Dies wird ebenfalls mit der anspruchsvollen Jägerprüfung begründet, die unter staatlicher Aufsicht abgelegt wird.

Entbehrlichkeit einer Waffenbesitzkarte

Erwerb von Langwaffen

Der Inhaber eines gültigen Jahresjagdscheines bedarf nach § 13 III WaffG zum Erwerb von Langwaffen keiner Erlaubnis. Allerdings muss er die Ausstellung einer neuen Waffenbesitzkarte oder die Eintragung der erworbenen Waffe in eine vorhandene Waffenbesitzkarte innerhalb von zwei Wochen bei der zuständigen Behörde schriftlich beantragen.

Erwerb von Kurzwaffen

Für den Erwerb und Besitz von Kurzwaffen ist allerdings ein entsprechender Voreintrag, der Angaben über Art und Kaliber der Waffe enthält, notwendig. Dem Inhaber eines gültigen Jahresjagdscheines wird ein Bedürfnis von zwei Kurzwaffen unterstellt, diese müssen geeignet sein, Fangschüsse abzugeben. Sie müssen deshalb eine Mündungsenergie von mindestens 200 Joule haben (beachte dazu evt. abweichende Ländergesetze).

Erwerb von Munition für Langwaffen

Auch für den Erwerb von Munition für Langwaffen bedürfen Jäger nach § 13 V WaffG keiner Erlaubnis, sofern die Munition nicht verboten ist.

Erwerb von Munition für Kurzwaffen

Für den Erwerb von Kurzwaffenmunition ist eine Erwerbserlaubnis oder ein Munitionserwerbsschein notwendig. Die Erwerbserlaubnis ist in die Waffenbesitzkarte einzutragen.

Entbehrlichkeit einer Waffenbesitzkarte

Erläuterungen

Ausleihe von Jagdwaffen (§ 13 IV WaffG)

Mit dieser Regelung erhält die Praxis des Ausleihens von Waffen durch einen Inhaber eines gültigen Jahresjagdscheins an einen Inhaber eines gültigen Jahresjagdscheines eine klare gesetzliche Grundlage. Somit benötigt derjenige, der eine Jagdwaffe erwirbt und nur vorübergehend im Sinne von § 12 I Nr. 1 WaffG („... lediglich vorübergehend, höchstens aber für einen Monat ...") besitzt, keine Waffenbesitzkarte. In diesem Fall entfaltet der gültige Jahresjagdschein dieselbe Wirkung wie die Waffenbesitzkarte. Es ist eine Ausleihbescheinigung mitzuführen aus der der rechtmäßige Besitzer, die Waffendaten und das Ausleihdatum hervorgeht.

Entbehrlichkeit eines Waffenscheines und der Schießerlaubnis (§ 13 VI WaffG)

Führen ohne Erlaubnis

Zur befugten Jagdausübung und den damit in engem Zusammenhang stehenden Tätigkeiten wie das Ein- und Anschießen im Revier, der Ausbildung von Jagdhunden und dem Jagd- und Forstschutz darf der Inhaber eines gültigen Jahresjagdscheines eine Waffe schussbereit und zugriffsbereit führen, ohne dass es dazu einer Erlaubnis bedarf. Er muss dabei jedoch die Unfallverhütungsvorschriften befolgen.

Eine Waffe ist schussbereit, wenn sich irgendwo in der Waffe Munition befindet, ohne dass es darauf ankommt, ob die Waffe gespannt oder entsichert ist. Sie ist zugriffsbereit, wenn sie mit wenigen Handgriffen in Anschlag gebracht werden kann. Bei Tätigkeiten, die in anerkannter Weise eine Folge oder Begleiterscheinung der befugten Jagdausübung darstellen, darf die Waffe zugriffsbereit, aber nicht schussbereit geführt werden. Dazu zählen z. B. der Hin- und Rückweg zum Revier, das Schüsseltreiben, auf dem Weg liegende Besorgungen wie Bank oder Post. Anders verhält es sich z. B. beim Transport der Waffe zum Büchsenmacher oder auf den Schießstand. In diesen Fällen muss die Waffe ungeladen und nicht zugriffsbereit, also in einem Futteral oder Koffer untergebracht sein (siehe dazu auch § 12 III Nr. 2 WaffG, Kapitel 11).

Schießen ohne Erlaubnis

Ein Jäger benötigt keine Schießerlaubnis, wenn er im Rahmen der befugten Jagdausübung zum Ein- und Anschießen, im Rahmen der Hundeausbildung oder des Jagd- und Forstschutzes mit der Waffe schießt.

Der befugten Jagdausübung gleichgestellt ist der Abschuss von Tieren, die dem Naturschutzrecht unterliegen, wenn die naturschutzrechtliche Ausnahme oder Befreiung die Tötung durch einen Jagdscheininhaber vorsieht.

Ausnahmen von den Erlaubnispflichten für Inhaber eines Jugendjagdscheines oder für Auszubildende im Jagdbereich (§§ 13 VII, VIII WaffG)

Inhaber von Jugendjagdscheinen

Es darf aufgrund eines Jugendjagdscheines keine Erlaubnis zum Erwerb oder Besitz von Schusswaffen und dazugehöriger Munition erteilt werden. Inhaber von Jugendjagdscheinen dürfen Waffen ohne Erlaubnis für die Dauer der Jagdausübung, des jagdlichen Schießtrainings oder jagdlicher Schießwettkämpfe erwerben, besitzen, führen und damit schießen. Geführt werden dürfen die Waffen bei Tätigkeiten, die im Zusammenhang mit den oben genannten Tätigkeiten stehen, nur in nicht schussbereitem Zustand.

Auszubildende im Jagdbereich

Auch für Auszubildende im Jagdbereich gibt es im „Jägerparagraph" eine Regelung, den § 13 VIII WaffG. Im Sinne einer praxisnahen Ausbildung ist es notwendig, dass Personen Umgang mit nicht schussbereiten Waffen haben, ohne dass dafür eine Erlaubnis erforderlich ist. Unter Personen versteht man im Sinne des § 13 VIII WaffG zum einen Minderjährige, die mindestens 14 Jahre alt sind, und zum anderen Volljährige, die ebenfalls in der Jägerausbildung stehen.

Der erlaubnisfreie Umgang, der den Erwerb, den Besitz und das Führen von Waffen umfasst, ist an eine Reihe von Bedingungen geknüpft:

- Der Umgang ist auf nicht schussbereite Waffen beschränkt.
- Der Umgang muss in engem Zusammenhang mit der jagdlichen Ausbildung stehen.
- Er muss unter der Aufsicht des Ausbilders stattfinden.
- Minderjährige müssen eine Berechtigungsbescheinigung mit sich führen. Darunter versteht man eine schriftliche Erklärung der Erziehungsberechtigten, in der sie ihr Einverständnis erteilen und die vom Erziehungsberechtigten und dem Ausbildungsleiter unterschrieben sein muss.

Das Schießen zu Ausbildungszwecken ist in § 27 V WaffG geregelt (siehe dazu Kapitel 4).

Aufbewahrung von Schusswaffen und Munition (§§ 36 WaffG, 13 AWaffV)

Allgemeines

Mit der Gesetzesänderung vom 06.07.2017 wurden Aufbewahrungsvorschriften neu geregelt. Wer bis zum 05.07.2017 Besitzer eines Sicherheitsbehältnisses der Sicherheitsstufe „A“ oder „B“ (nach VDMA 24992) war und Schusswaffen besessen hat, für den gelten die Regelungen in diesem Kapitel weiterhin (Besitzstandswahrung).

§ 36 WaffG (in der Fassung bis zum 05.07.2017)

Zentrale Vorschrift des Waffengesetzes
Es besteht immer die Gefahr, dass Waffen und / oder Munition z. B. durch Diebstahl in die Hände von unzuverlässigen Personen gelangen und damit Missbrauch getrieben wird.

Grundsatz:
Wer Waffen und Munition besitzt, muss diese sicher aufbewahren, so dass sie nicht abhanden kommen oder in die Hände von Unbefugten gelangen können. Zu den Schusswaffen zählen hier alle Gegenstände, die Geschosse durch einen Lauf treiben, also z. B. auch Luftdruckgewehre. Dieser Grundsatz der sicheren Verwahrung gilt nicht nur für Schusswaffen und Schalldämpfer, sondern auch für z. B. Hieb- und Stoßwaffen.

§ 36 I S. 1 WaffG

Hier ist die **Sicherung gegen Abhandenkommen und unbefugte Nutzung durch Dritte** geregelt. Angeknüpft wird an den Besitz von Waffen. Welche Maßnahmen gegen das Abhandenkommen zu treffen sind, hängt von den Umständen des Einzelfalles ab.

§ 36 I S. 2 WaffG
(in der Fassung bis zum 05.07.2017)

Hier wird die **getrennte Aufbewahrung von Waffen und Munition** geregelt.
Dies geschieht vor dem Hintergrund, dass die latente Gefährlichkeit von Schusswaffen dann zur konkreten Gefahr wird, wenn durch die Munition sofortige Schadensverursachung möglich wird. Es soll dadurch auch die rasche Entwendung von Schusswaffen und Munition verhindert werden, die zu schnellem Missbrauch führen kann. Ausnahmsweise dürfen Waffen und Munition gemeinsam aufbewahrt werden - in sogenannten 0-Schränken.

Aufbewahrung von Schusswaffen und Munition (§§ 36 WaffG, 13 VI AWaffV in der Fassung bis zum 05.07.2017)

Aufbewahrung von nicht erlaubnispflichtigen Schusswaffen

- keine konkreten Aufbewahrungsanforderungen
- Aber: Sicherung gegen Abhandenkommen und Wegnahme durch Unbefugte
- Waffen, die erst nach der Vollendung des 18. Lebensjahres frei erwerbbar sind, müssen so aufbewahrt werden, dass sie nicht in die Hände Minderjähriger gelangen können. Befinden sich demnach in einem Haushalt Jugendliche oder Minderjährige, so sind diese Waffen zumindest in einem abschließbaren Schrank zu verwahren.

Aufbewahrung erlaubnispflichtiger Schusswaffen und verbotener Waffen (§§ 36 II WaffG, 13 AWaffV in der Fassung bis zum 05.07.2017)

Langwaffen

- **bis zu zehn Langwaffen** in Stahlschrank A; dazugehörige Munition in Stahlblech-Innenfach mit Schwenkriegelschloss
- **mehr als zehn Langwaffen** in mehreren Schränken A oder in einem Behältnis Sicherheitsstufe B
- **„Jägerschrank“** Sicherheitsstufe A mit Innenfach der Stufe B; hier dürfen außer den bis zu zehn Langwaffen auch **fünf Kurzwaffen zusammen mit der Munition für beide Waffentypen** aufbewahrt werden

Kurzwaffen

- **bis zu zehn Kurzwaffen bzw. bis zu zehn jeweils verbotene Gegenstände in Schrank Sicherheitsstufe B (über 200 kg)**; dazugehörige Munition in Innenfach ohne Klassifizierung, nicht dazugehörige Munition zusammen mit Waffen
- **mehr als zehn Kurzwaffen oder verbotene Gegenstände** in entsprechend vielen Schränken Sicherheitsstufe B (**über 200 kg**)
- **nur fünf Kurzwaffen bzw. fünf verbotenen Gegenstände**, wenn Gewicht von Schrank Sicherheitsstufe B **unter 200 kg** liegt

Munition

Stahlblechbehältnis ohne Klassifizierung mit Schwenkriegelschloss oder gleichwertiges Behältnis

Verdachtsunabhängige Kontrolle

Die Waffenbehörde ist berechtigt die ordnungsgemäße Aufbewahrung von Waffen, Munition und verbotener Gegenstände verdachtsunabhängig zu kontrollieren.

Aufbewahrung von Schusswaffen und Munition

Kurzübersicht über die Merkmale der Sicherheitsstufen und die Aufbewahrungsmöglichkeiten

(beginnend mit den Behältnissen welche die geringste Sicherheit bieten, dann aufsteigend)

Stahlblechschrank ohne Klassifizierung mit Schwenkriegelschloss oder gleichwertiges Behältnis	nur Munition
Sicherheitsstufe A (nach VDMA 24992: einwandig, dreiseitige Verriegelung, Sicherheits-Doppelbartschloss)	bis zu zehn Langwaffen, keine Munition, Schalldämpfer
Sicherheitsstufe A mit Innenfach ohne Klassifizierung	bis zu zehn Langwaffen, Munition im Innenfach, Schalldämpfer
Sicherheitsstufe A **mit Innenfach nach Klassifizierung B** **(„Jägerschrank“)**	bis zu zehn Langwaffen, im Innenfach fünf Kurzwaffen, Munition für Lang- und Kurzwaffen Schalldämpfer
Sicherheitsstufe B (nach VDMA 24992: doppelwandige Kompaktbauweise, 60 mm starke Wände, Türstärke 60 mm, Türblatt massiv 6 mm SM-Stahl, Scharniere innen, keine Aufhebelungsmöglichkeit an der Tür, gepanzertes Zentralriegelwerk mit dreiseitig schließenden Riegelbolzen, Verankerungsbuchse für Bodenbefestigung)	mehr als zehn Langwaffen und bis zu fünf Kurzwaffen bei Schrankgewicht über 200 kg: bis zu zehn Kurzwaffen, keine Munition, Schalldämpfer
Sicherheitsstufe B mit Innenfach aus Stahlblech ohne Klassifizierung	mehr als zehn Langwaffen und bis zu fünf Kurzwaffen, bei Schrankgewicht über 200 kg: bis zu zehn Kurzwaffen, Munition im Innenfach, Schalldämpfer

Eine gemeinsame Aufbewahrung von Waffen von in häuslicher Gemeinschaft lebender Person ist bis zur Höchstgrenze der Waffenzahl in Sicherheitsbehältnissen Sicherheitsstufe „A“ oder „B“ zulässig.

Erläuterungen

Aufbewahrung von Schusswaffen und Munition (§§ 36, 13 AWaffV in der Fassung bis zum 05.07.2017)

Allgemeines:
Die Aufbewahrungsvorschriften die bis zum 05.07.2017 Gültigkeit für Schusswaffen und Munition hatten gelten für Altbesitzer von Sicherheitsbehältnissen der Sicherheitsstufe „A" und „B" weiter. Der Altbesitzer darf auch neu erworbene Waffen in diesen Sicherheitsbehältnissen aufbewahren. Wird ein Sicherheitsbehältnis ab dem 06.07.2017 erworben gelten die neu gefassten Vorschriften aus Kapitel 16.

Es besteht immer die Gefahr, dass Schusswaffen und Munition durch Diebstahl oder Abhandenkommen in die Hände unzuverlässiger Personen geraten, was oftmals schreckliche Folgen nach sich zieht. Deshalb ist es ein zentrales Anliegen des Gesetzgebers durch Sicherung gegen Verlust dagegen Vorsorge zu treffen. Es gilt der Grundsatz: **Wer Waffen besitzt, muss diese sicher aufbewahren.** Dieser Grundsatz der Verwahrung erstreckt sich zum Einen auf alle Schusswaffen, d. h. Gegenstände die Geschosse durch einen Lauf treiben, also beispielsweise auch Luftdruckgewehre. Darüber hinaus gilt er aber auch für alle anderen Waffen, z. B. Hieb- und Stoßwaffen, Reizstoffsprühgeräte, Elektroschockgeräte etc. (vgl. § 1 WaffG und Kapitel 2 Waffenrecht). **Die Pflicht zur sicheren Verwahrung ist an den Besitz der Waffe geknüpft.**

In § 36 WaffG werden die materiellen Anforderungen an die sichere Aufbewahrung von Schusswaffen und Munition verbindlich geregelt. §§ 13 und 14 AWaffV stellen die ausfüllenden Regelungen hierzu dar. In § 36 I S. 1 WaffG wird die **Sicherung von Waffen und Munition gegen Abhandenkommen und unbefugte Nutzung** geregelt. Die zu treffenden Maßnahmen der Sicherung hängen von den Umständen des Einzelfalles ab. § 36 I S. 2 WaffG (in der Fassung bis zum 05.07.2017) legt fest, dass **Waffen und Munition getrennt aufzubewahren sind** (vergleichbar der Regelung der fehlenden Schussbereitschaft beim Waffentransport). Begründet wird dies damit, dass sich die latente Gefährlichkeit von Schusswaffen erst dann zur konkreten Gefahr auswächst, wenn durch die Munitionierung ein tatsächlicher Schaden verursacht werden kann. Diese Vorschrift gilt für alle Schusswaffen und Schalldämpfer, aber auch für Schreckschuss-, Reizstoff- und Signalwaffen.

Aufbewahrung von Langwaffen
Die Aufbewahrung von Langwaffen im Sinne der Anlage 1, Abschnitt 1, Unterabschnitt 1, 2.6. ist durch die Regelung des § 36 II S. 2 WaffG (in der Fassung bis zum 05.07.2017) privilegiert. Solche Waffen dürfen **begrenzt auf eine Stückzahl von zehn** in einem Behältnis der Sicherheitsstufe A nach VDMA 24992 aufbewahrt werden. Vergleichbar gesicherte Räume (z. B. Ausstellungsräume) sind als gleichwertig zu betrachten.

Anmerkung: Erläuterung DIN-Norm, VDMA:
VDMA sind Normfestsetzungen des Verbandes deutscher Maschinen- und Anlagenbauer e. V. Aus gemeinschaftsrechtlichen Gründen ist diese Normgebung zum 21.12.2002 ausgelaufen, so dass nur **DIN/EN** Normen maßgebend sind. Allerdings dürfen die nach VDMA hergestellten Schränke weiterhin verwendet werden.

Sollen **mehr als zehn Langwaffen** ordnungsgemäß verwahrt werden, so müssen diese nach § 13 AWaffV (in der Fassung bis zum 05.07.2017) in mehreren Schränken der Sicherheitsstufe A nach VDMA 24992 oder einem Behältnis der Sicherheitsstufe B nach VDMA 24 992 untergebracht werden.

Außerdem dürfen bis zu **zehn Langwaffen und fünf Kurzwaffen zusammen mit der dazugehörigen Munition** beider Waffentypen in einem sogenannten „Jägerschrank" aufbewahrt werden (vgl. § 13 IV AWaffV in der Fassung bis zum 05.07.2017). Darunter versteht man einen Schrank der Sicherheitsstufe A nach VDMA 24992 mit einem Innenfach der Sicherheitsstufe B nach VDMA 24992. Kurzwaffen und dazugehörige Munition dürfen zusammen im Innenfach verwahrt werden.

Erläuterungen

Aufbewahrung von Kurzwaffen
In einem Sicherheitsbehältnis Sicherheitsstufe B dürfen **bis zu zehn Kurzwaffen** aufbewahrt werden. Zu den Waffen gehörige Munition darf in einem Innenfach ohne Klassifizierung verwahrt werden, nicht dazugehörige Munition darf zusammen mit den Waffen verwahrt werden. Das Gewicht des Behältnisses muss allerdings mindestens 200 kg betragen. Ist dies nicht der Fall, verringert sich die Anzahl der aufzubewahrenden Waffen auf fünf.

Aufbewahrung von Munition
Erlaubnispflichtige Munition darf nach § 13 III AWaffV in einem Stahlblechbehältnis ohne Klassifizierung mit Schwenkriegelschloss oder gleichwertiger Verschlussvorrichtung oder in einem gleichwertigen Behältnis aufbewahrt werden.

Aufbewahrung von Waffen und / oder Munition in nicht dauernd bewohnten Gebäuden (§ 13 VI AWaffV)
Unter nicht dauerhaft bewohnte Gebäude fallen typischerweise Jagdhütten, Ferien- und Wochenendhäuser. Sie liegen oft im Außenbereich und sind nicht so massiv gebaut wie typische Wohnhäuser. Sollen dort Waffen aufbewahrt werden, so ist dafür ein erhöhter Schutz notwendig.

Verwahrt werden dürfen bis zu drei Langwaffen mit Munition in einem Sicherheitsbehältnis mit Widerstandsgrad 1. Dies ist zwei Sicherheitsstufen höher, als dies sonst für Langwaffen vorgeschrieben ist. Zwar gibt es keine ausdrückliche Regelung für die Munition, doch ist aus dem Gesamtzusammenhang des § 36 WaffG zu ersehen, dass in einem derartig stark gesicherten Behältnis Waffen und Munition zusammen verwahrt werden können.

Zu den Konstruktionsmerkmalen und der Beschaffenheit der einzelnen Behältnisse sei auf die Kurzübersichten verwiesen.

Aufbewahrung von Schusswaffen und Munition in sonstigen Fällen (Nr. 36.2.15 WaffVwV)
Schusswaffen und Munition dürfen ohne Aufsicht durch einen Berechtigten nicht in einem Fahrzeug / Hotelzimmer verwahrt werden. Bei kurzfristigem Verlassen des Fahrzeuges / Hotelzimmers (z. B. Mittagessen, Tanken, Schüsseltreiben etc.) können Schusswaffen und Munition im verschlossenen Fahrzeug / Hotelzimmer verwahrt werden, wenn von außen nicht erkennbar ist, dass sich Schusswaffen / Munition im Fahrzeug / Hotelzimmer befinden, erforderliche Maßnahmen gegen Abhandenkommen getroffen sind (z. B. befestigt am Fahrzeug, Aufbewahrung in einem verschlossenen Transportbehältnis / Schrank, Abdecken, entfernen eines wesentlichen Waffenteils, Anbringung einer Abzugssperrvorrichtung, etc.). Am besten mehrere Maßnahmen treffen.

§ 36 Abs. 3 Satz 2 räumt der Behörde die Möglichkeit ein, **verdachtsunabhängig die sorgfältige Aufbewahrung von erlaubnispflichtigen Schusswaffen, Munition oder verbotenen Waffen überprüfen zu können**. Bei den durchzuführenden Kontrollen ist nicht nur der Waffenschrank, sondern auch der Inhalt zu überprüfen und mit dem aktenkundigen Bestand abzugleichen. Ein wirksamer Schutz kann nur erreicht werden, wenn mit einer verdachtsunabhängigen Kontrolle (allerdings nicht zur Unzeit [21 bis 6 Uhr], gerechnet werden muss und dadurch sowohl das Risiko des Waffenmissbrauchs als auch die Notwendigkeit sorgfältiger Aufbewahrung jederzeit im Bewusstsein ist. Wer als Waffenbesitzer bei einer verdachtsunabhängigen Kontrolle den Zutritt zum Aufbewahrungsort der Waffen oder Munition verweigert, muss wegen der zu respektierenden Unverletzlichkeit der Wohnung zwar nicht mit einer Durchsuchung gegen seinen Willen rechnen; dennoch bleibt eine nicht nachvollziehbare Verweigerung der Mitwirkungspflicht nicht folgenlos. Denn wer wiederholt oder gröblich gegen Vorschriften des Waffengesetzes verstößt, gilt gemäß § 5 Abs. 2 Nr. 5 regelmäßig als unzuverlässig und schafft damit selbst die Voraussetzungen für den möglichen Widerruf seiner waffenrechtlichen Erlaubnis (Nr. 36.7 WaffVwV).

Aufbewahrung von Schusswaffen und Munition (§§ 36 WaffG, 13 VI AWaffV in der Fassung ab dem 06.07.2017)

Allgemeines

Mit der Gesetzesänderung vom 06.07.2017 wurden die Aufbewahrungsvorschriften neu geregelt. Ein ab dem 06.07.2017 erworbenes Sicherheitsbehältnis muss für Aufbewahrung von Waffen und verbotener Gegenstände den Widerstandsgrad „0“ oder „1“ nach DIN/EN 1143-1 besitzen.

§ 36 WaffG
(in der Fassung ab dem 06.07.2017)

Zentrale Vorschrift des Waffengesetzes zur Aufbewahrung von Waffen, Munition und verbotener Gegenstände.

Grundsatz:
Wer Waffen oder Munition besitzt, hat die erforderlichen Vorkehrungen zu treffen, um zu verhindern, dass diese Gegenstände abhanden kommen oder Dritte sie unbefugt an sich nehmen.

Hierunter fallen Hieb- und Stichwaffen, erlaubnisfreie Munition, erlaubnisfreie Schusswaffen, erlaubnispflichtige Schusswaffen und verbotene Gegenstände.

§ 36 I WaffG
(in der Fassung ab dem 06.07.2017)

Hier ist die **Sicherung gegen Abhandenkommen und unbefugter Nutzung durch Dritte** geregelt.

§ 13 AWaffV regelt die konkrete Aufbewahrung von erlaubnisfreier Munition, erlaubnisfreien Schusswaffen, erlaubnispflichtigen Schusswaffen und verbotener Gegenstände.

§ 13 AWaffV
(in der Fassung ab dem 06.07.2017)

Wer Waffen und Munition besitzt, hat die Waffen ungeladen aufzubewahren.

Dies gilt auch für erlaubnisfreie Schusswaffen.

Aufbewahrung von Schusswaffen und Munition (§§ 36 WaffG, 13 II AWaffV in der Fassung ab dem 06.07.2017)

Aufbewahrung von nicht erlaubnispflichtigen Waffen und Munition (§ 13 II Nr. 1 AWaffV in der Fassung ab dem 06.07.2017)

- Waffen oder Munition die von der Erlaubnispflicht freigestellt sind, müssen in einem verschlossenen Behältnis aufbewahrt werden. Hierunter fallen unter anderem Hieb- und Stichwaffen, Luftdruckwaffen, Schreckschuss-, Reizstoff- und Signalwaffen, aber auch Munition für Schreckschuss-, Reizstoff und Signalwaffen.
  Geschosse (Diabolo, Geschosse zum Wiederladen) fallen nicht unter diese Regelung.

- Munition, die nicht von der Erlaubnispflicht freigestellt ist, muss mindestens in einem Stahlblechbehältnis ohne Klassifizierung mit Schwenkriegelschloss oder einer gleichwertigen Verschlussvorrichtung oder in einem gleichwertigen Behältnis aufbewahrt werden.

Altbesitz

- Wer bis zum 05.07.2017 erlaubnispflichtige Waffen in einem erlaubten Sicherheitsbehältnis aufbewahrt hat, darf dieses weiterhin nutzen.

- Das gleiche gilt für die Dauer der gemeinsamen Aufbewahrung von erlaubnispflichtigen Waffen für berechtigten Personen die mit einem Altbesitzer **in häuslicher Gemeinschaft** leben (§ 36 IV WaffG).

Aufbewahrung von Schusswaffen und Munition (§§ 36 WaffG, 13 II AWaffV in der Fassung ab dem 06.07.2017)

Aufbewahrung von erlaubnispflichtiger Waffen und verbotener Gegenstände (§ 13 II AWaffV in der Fassung ab dem 06.07.2017)

§ 13 II Nr. 3 AWaffV
(Waffen müssen ungeladen sein)

in einem Sicherheitsbehältnis, das dem Widerstandsgrad 0 entspricht und bei dem das Gewicht des Behältnisses **200 Kilogramm unterschreitet**

- eine unbegrenzte Anzahl von Langwaffen, Kurzwaffen (Anlage 1, Abschnitt 1 UA 1 Nummer 2.5 WaffG und insgesamt bis zu fünf nach Anlage 2, Abschnitt 1 Nummern 1.1 bis 1.2.3 und 1.2.5 WaffG verbotene Waffen, für deren Erwerb und Besitz es ihrer Art nach einer Erlaubnis bedarf, und
- zusätzlich eine unbegrenzte Anzahl nach Anlage 2 Abschnitt 1 Nummer 1.2.4 bis 1.2.4.2 und 1.3 bis 1.4.4 des Waffengesetzes verbotener Waffen sowie
- zusätzlich Munition und
- Schalldämpfer

§ 13 II Nr. 4 AWaffV
(Waffen müssen ungeladen sein)

in einem Sicherheitsbehältnis, das dem Widerstandssgrad 0 entspricht und bei dem das Gewicht des Behältnisses **mindestens 200 Kilogramm** beträgt:

- eine unbegrenzte Anzahl von Langwaffen, Kurzwaffen (Anlage 1, Abschnitt 1 UA 1 Nummer 2.5 WaffG und insgesamt bis zu fünf nach Anlage 2, Abschnitt 1 Nummern 1.1 bis 1.2.3 und 1.2.5 WaffG verbotene Waffen, für deren Erwerb und Besitz es ihrer Art nach einer Erlaubnis bedarf, und
- zusätzlich eine unbegrenzte Anzahl nach Anlage 2 Abschnitt 1 Nummer 1.2.4 bis 1.2.4.2 und 1.3 bis 1.4.4 des Waffengesetzes verbotener Waffen sowie
- zusätzlich Munition und
- Schalldämpfer

§ 13 II Nr. 5 AWaffV
(Waffen müssen ungeladen sein)

in einem Sicherheitsbehältnis, das dem Widerstandsgrad I entspricht:

- eine unbegrenzte Anzahl von Lang- und Kurzwaffen (Anlage 1 Abschnitt 1 Unterabschnitt 1 Nummer 2.5 des Waffengesetzes), für deren Erwerb und Besitz es ihrer Art nach einer Erlaubnis bedarf,
- eine unbegrenzte Anzahl nach Anlage 2 Abschnitt 1 Nummer 1.1 bis 1.4.4 des Waffengesetzes verbotener Waffen sowie
- Munition
- Schalldämpfer

Die Sicherheitsbehältnisse Widerstandsgrad „0“ oder „1“ müssen mindestens der Norm DIN/EN 1143-1 (Stand Mai 1997, Oktober 2002, Februar 2006, Januar 2010 oder Juli 2012) entsprechen.

Aufbewahrung von Schusswaffen und Munition

Bei der Bestimmung der Zahl der Waffen, die in einem Sicherheitsbehältnis aufbewahrt werden dürfen, bleiben außer Betracht:

1. wesentliche Teile von Schusswaffen und Schalldämpfer nach Anlage 1 Abschnitt 1 Unterabschnitt 1 Nummer 1.3 bis 1.3.4 des Waffengesetzes,
2. Vorrichtungen nach Anlage 2 Abschnitt 1 Nummer 1.2.4.1 des Waffengesetzes, die das Ziel beleuchten oder markieren, und
3. Nachtsichtgeräte, -vorsätze und -aufsätze sowie Nachtzielgeräte nach Anlage 2 Abschnitt 1 Nummer 1.2.4.2 des Waffengesetzes.

Die Bestimmung der Zahl gilt nur, sofern die zusammen aufbewahrten wesentlichen Teile nicht zu einer schussfähigen Waffe zusammengefügt werden können.

Aufbewahrung von Schusswaffen und Munition

Kurzübersicht über die Wirkungsgrade der vorgeschriebenen Sicherheitsbehältnisse und die Aufbewahrungsmöglichkeiten

Sicherheitsbehältnis (Mindestanforderungen)	**Gegenstände**
Verschlossenes Behältnis	- Erlaubnisfreie Waffen - Erlaubnisfreie Munition
Stahlblechbehältnis mit Schwenkriegelschloss	- Erlaubnispflichtige Munition
Widerstandsgrad „0“ bis 200 kg	- eine unbegrenzte Anzahl von Langwaffen, Kurzwaffen (Anlage 1, Abschnitt 1 UA 1 Nummer 2.5 WaffG und insgesamt bis zu fünf nach Anlage 2, Abschnitt 1 Nummern 1.1 bis 1.2.3 und 1.2.5 WaffG verbotene Waffen,für den Erwerb und Besitz es ihrer Art nach einer Erlaubnis bedarf, **und** - zusätzlich eine unbegrenzte Anzahl nach Anlage 2 Abschnitt 1 Nummer 1.2.4 bis 1.2.4.2 und 1.3 bis 1.4.4 des Waffengesetzes verbotener Waffen **sowie** - zusätzlich Munition **und** Schalldämpfer
Widerstandsgrad „0“ über 200 kg	- eine unbegrenzte Anzahl von Langwaffen, Kurzwaffen (Anlage 1, Abschnitt 1 UA 1 Nummer 2.5 WaffG und insgesamt bis zu fünf nach Anlage 2, Abschnitt 1 Nummern 1.1 bis 1.2.3 und 1.2.5 WaffG verbotene Waffen, für deren Erwerb und Besitz es ihrer Art nach einer Erlaubnis bedarf, **und** - zusätzlich eine unbegrenzte Anzahl nach Anlage 2 Abschnitt 1 Nummer 1.2.4 bis 1.2.4.2 und 1.3 bis 1.4.4 des Waffengesetzes verbotener Waffen **sowie** - zusätzlich Munition **und** Schalldämpfer
Widerstandsgrad „1“	- eine unbegrenzte Anzahl von Langwaffen, Kurzwaffen (Anlage 1, Abschnitt 1 UA 1 Nummer 2.5 WaffG und insgesamt bis zu fünf nach Anlage 2, Abschnitt 1 Nummern 1.1 bis 1.2.3 und 1.2.5 WaffG verbotene Waffen, für deren Erwerb und Besitz es ihrer Art nach einer Erlaubnis bedarf, - eine unbegrenzte Anzahl nach Anlage 2 Abschnitt 1 Nummer 1.1 bis 1.4.4 des Waffengesetzes verbotener Waffen **sowie** - zusätzlich Munition **und** Schalldämpfer

Aufbewahrung von Schusswaffen und Munition

Aufbewahrung von Schusswaffen und / oder Munition in nicht dauernd bewohnten Gebäuden (§ 13 VI AWaffV)

Nicht dauernd bewohnte Gebäude

Darunter fallen typischerweise Jagdhütten, Wochenend- oder Ferienhäuser, die oft im Außenbereich liegen und nicht so massiv gebaut sind wie typische Wohnhäuser.

Hier ist für die Aufbewahrung von Waffen deshalb höherer Schutz erforderlich.

Verwahrt werden dürfen

- bis zu **drei Langwaffen mit Munition**
- in einem **Sicherheitsbehältnis Widerstandsgrad 1** (nach DIN EN 1143-1), dies ist eine Sicherheitsstufe höher, als sonst für Langwaffen vorgeschrieben

Kontrolle durch die Behörden

Wer für erlaubnispflichtige Schusswaffen, Munition oder verbotene Waffen die Erteilung einer Erlaubnis zum Besitz beantragt, hat der zuständigen Behörde die zur sicheren Aufbewahrung getroffenen oder vorgesehenen Maßnahmen nachzuweisen.

Wer erlaubnispflichtige Schusswaffen, Munition oder verbotene Waffen besitzt, hat der zuständigen Behörde die zur sicheren Aufbewahrung getroffenen oder vorgesehenen Maßnahmen nachzuweisen.

Besitzer von erlaubnispflichtigen Schusswaffen, Munition oder verbotenen Waffen haben außerdem der Behörde zur Überprüfung der Aufbewahrungsverhältnisse Zutritt zu den Räumen zu gestatten, in denen die Waffen und die Munition aufbewahrt werden. Wohnräume dürfen gegen den Willen des Inhabers nur zur Verhütung dringender Gefahr für die öffentliche Sicherheit betreten werden. Folglich darf die Behörde verdachtsunabhängig die Aufbewahrung überprüfen und die Aufbewahrungsräume hierzu betreten.

Wer vorsätzlich gegen die Aufbewahrungspflichten verstößt und dadurch die Gefahr verursacht, dass eine Schusswaffe oder Munition abhanden kommt oder unbefugt zugegriffen wird, begeht eine Straftat.

Erläuterungen

Allgemeines:
Zentrale Forderung des § 36 WaffG ist, dass erforderlich Vorkehrungen von einem Waffenbesitzer getroffen werden müssen, dass weder Waffen noch Munition abhanden kommen oder sie Dritte unbefugt an sich nehmen können. Je nach Waffen- und Munitionsart ergeben sich aus § 13 AWaffV unterschiedliche Anforderungen an die Sicherheitsbehältnisse.

Als unbefugte gelten auch Familienangehörige die keine entsprechenden waffenrechtlichen Genehmigungen besitzen.

Neu aufgenommen wurden alle Waffen die waffenrechtlich als Waffen gelten, z. B. auch Hieb- und Stichwaffen. Keine Waffen sind jedoch Werkzeuge wie Macheten, Beile, Äxte u. a.

In Sicherheitsbehältnissen Widerstandsgrad „0“ oder „1“ müssen mindestens der Norm DIN/EN 1143-1 (Stand Mai 1997, Oktober 2002, Februar 2006, Januar 2010 oder Juli 2012) entsprechen. In ihnen dürfen Waffen und Munition gemeinsam aufbewahrt werden, aber **Waffen müssen entladen sein**.

Erlaubnisfreie Waffen und erlaubnisfreie Munition
Erlaubnisfreie Waffen und erlaubnisfreie Munition müssen mindestens in einem verschlossenen Behältnis aufbewahrt werden. Spezielle Sicherheitsanforderungen werden an das Aufbewahrungsbehältnis nicht gestellt. Unter erlaubnisfreie Waffen fallen solche Waffen, die Personen über 18 Jahren frei erwerben und besitzen können. Dies können Hieb- und Stoßwaffen (Gegenstände, die ihrem Wesen nach dazu bestimmt sind, unter unmittelbarer Ausnutzung der Muskelkraft durch Hieb, Stoß, Stich, Schlag oder Wurf Verletzungen beizubringen) sein, aber auch Schreckschuss-, Reizstoff- und Signalwaffen zählen hierzu.

Aber auch Munition für Schreckschuss-, Reizstoff- und Signalwaffen fallen unter die Aufbewahrungspflicht in einem verschlossenen Behältnis. Geschosse (Diabolo, Geschosse zum Wiederladen) fallen nicht unter diese Regelung.

Erlaubnispflichtige Munition
Erlaubnispflichtige Munition muss mindestens in einem verschlossenen Stahlblechbehältnis mit Schwenkriegelschloss aufbewahrt werden. Spezielle Sicherheitsanforderungen werden an das Aufbewahrungsbehältnis nicht gestellt.

Erlaubnispflichtige Munition kann auch zusammen mit erlaubnispflichtigen Waffen in einem Sicherheitsbehältnis mit einem Widerstandsgrad „0“ oder „1“ aufbewahrt werden, aber die **Munition darf nicht in die Waffe geladen sein.**

Erlaubnispflichtige Langwaffen
In einem Sicherheitsbehältnis mit einem Widerstandsgrad „0“ oder „1“ darf eine unbegrenzte Anzahl von Langwaffen aufbewahrt werden. Eine Gewichtsbegrenzung für das Sicherheitsbehältnis mit einem Widerstandsgrad „0“ gibt es nicht.

Erlaubnispflichtige Kurzwaffen
In einem Sicherheitsbehältnis mit einem Widerstandsgrad „0“ bei dem das Gewicht des Behältnisses 200 kg unterschreitet dürfen bis fünf erlaubnispflichtige Kurzwaffen mit den Langwaffen zusammen aufbewahrt werden.

In einem Sicherheitsbehältnis mit einem Widerstandsgrad „0“ bei dem das Gewicht des Behältnisses über 200 kg liegt oder in Sicherheitsbehältnis mit einem Widerstandsgrad „1“ dürfen bis zehn erlaubnispflichtige Kurzwaffen mit den Langwaffen zusammen aufbewahrt werden.

Verbotene Gegenstände
In einem Sicherheitsbehältnis mit einem Widerstandsgrad „0“, bei dem das Gewicht des Behältnisses 200 kg unterschreitet, dürfen

1. bis zu fünf nach Anlage 2 Abschnitt 1 Nummer 1.1 bis 1.2.3 und 1.2.5 des Waffengesetzes verbotene Waffen und

2. eine unbegrenzte Anzahl nach Anlage 2 Abschnitt 1 Nummer 1.2.4 bis 1.2.4.2 und 1.3 bis 1.4.4 des Waffengesetzes verbotener Waffen aufbewahrt werden.

Erläuterungen

In einem Sicherheitsbehältnis mit einem Widerstandsgrad „0“, bei dem das Gewicht des Behältnisses über 200 kg liegt, dürfen

- bis zu zehn nach Anlage 2 Abschnitt 1 Nummer 1.1 bis 1.2.3 und 1.2.5 des Waffengesetzes verbotene Waffen und

- eine unbegrenzte Anzahl nach Anlage 2 Abschnitt 1 Nummer 1.2.4 bis 1.2.4.2 und 1.3 bis 1.4.4 des Waffengesetzes verbotener Waffen aufbewahrt werden.

In einem Sicherheitsbehältnis mit einem Widerstandsgrad „1“ dürfen

- eine unbegrenzte Anzahl nach Anlage 2 Abschnitt 1 Nummer 1.1 bis 1.4.4 des Waffengesetzes verbotener Waffen aufbewahrt werden.

Erlaubnispflichtige Langwaffen und erlaubnispflichtige Kurzwaffen dürfen zusammen mit der Munition und den verbotenen Gegenständen in Sicherheitsbehältnissen mit einem Widerstandsgrad „0“ oder „1“ aufbewahrt werden, aber die Waffen müssen ungeladen sein. Das sogenannte „unterladen“ ist waffenrechtlich geladen!

Bei der Bestimmung der Zahl der Waffen, die in einem Sicherheitsbehältnis aufbewahrt werden dürfen, bleiben außer Betracht:

1. wesentliche Teile von Schusswaffen und Schalldämpfer nach Anlage 1 Abschnitt 1 Unterabschnitt 1 Nummer 1.3 bis 1.3.4 des Waffengesetzes,

2. Vorrichtungen nach Anlage 2 Abschnitt 1 Nummer 1.2.4.1 des Waffengesetzes, die das Ziel beleuchten oder markieren, und

3. Nachtsichtgeräte, -vorsätze und -aufsätze sowie Nachtzielgeräte nach Anlage 2 Abschnitt 1 Nummer 1.2.4.2 des Waffengesetzes.

Die Bestimmung der Zahl gilt nur, sofern die zusammen aufbewahrten wesentlichen Teile nicht zu einer schussfähigen Waffe zusammengefügt werden können.

Aufbewahrung von Waffen und Munition in nicht dauerhaft bewohnten Gebäuden (§ 13 IV AWaffV)
Unter nicht dauerhaft bewohnte Gebäude fallen typischerweise Jagdhütten, Ferien- und Wochenendhäuser. Sie liegen oft im Außenbereich und sind nicht so massiv gebaut wie typische Wohnhäuser. Sollen dort Waffen aufbewahrt werden, so ist dafür ein erhöhter Schutz notwendig.

Verwahrt werden dürfen bis zu drei Langwaffen mit Munition in einem Sicherheitsbehältnis mit Widerstandsgrad 1.

Aufbewahrung von Schusswaffen und Munition in sonstigen Fällen (Nr. 36.2.15 WaffVwV)
Schusswaffen und Munition dürfen ohne Aufsicht durch einen Berechtigten nicht in einem Fahrzeug / Hotelzimmer verwahrt werden. Bei kurzfristigem Verlassen des Fahrzeuges / Hotelzimmers (z. B. Mittagessen, Tanken, Schüsseltreiben etc.) können Schusswaffen und Munition im verschlossenen Fahrzeug / Hotelzimmer verwahrt werden, wenn von außen nicht erkennbar ist, dass sich Schusswaffen / Munition im Fahrzeug / Hotelzimmer befinden, erforderliche Maßnahmen gegen Abhandenkommen getroffen sind (z. B. befestigt am Fahrzeug, Aufbewahrung in einem verschlossenen Transportbehältnis / Schrank, Abdecken, entfernen eines wesentlichen Waffenteils, Anbringung einer Abzugssperrvorrichtung, etc.). Am besten mehrere Maßnahmen treffen.

Erläuterungen

Kontrolle durch die Behörden
§ 36 Abs. 3 Satz 2 räumt der Behörde die Möglichkeit ein, **verdachtsunabhängig die sorgfältige Aufbewahrung von erlaubnispflichtigen Schusswaffen, Munition oder verbotenen Waffen überprüfen zu können**. Bei den durchzuführenden Kontrollen ist nicht nur der Waffenschrank, sondern auch der Inhalt zu überprüfen und mit dem aktenkundigen Bestand abzugleichen. Ein wirksamer Schutz kann nur erreicht werden, wenn mit einer verdachtsunabhängigen Kontrolle (allerdings nicht zur Unzeit [21 bis 6 Uhr]) gerechnet werden muss und dadurch sowohl das Risiko des Waffenmissbrauchs als auch die Notwendigkeit sorgfältiger Aufbewahrung jederzeit im Bewusstsein ist. Wer als Waffenbesitzer bei einer verdachtsunabhängigen Kontrolle den Zutritt zum Aufbewahrungsort der Waffen oder Munition verweigert, muss wegen der zu respektierenden Unverletzlichkeit der Wohnung zwar nicht mit einer Durchsuchung gegen seinen Willen rechnen; dennoch bleibt eine nicht nachvollziehbare Verweigerung der Mitwirkungspflicht nicht folgenlos. Denn wer wiederholt oder gröblich gegen Vorschriften des Waffengesetzes verstößt, gilt gemäß § 5 Abs. 2 Nr. 5 regelmäßig als unzuverlässig und schafft damit selbst die Voraussetzungen für den möglichen Widerruf seiner waffenrechtlichen Erlaubnis (Nr. 36.7 WaffVwV).

Erlaubter und verbotener Umgang mit Waffen

Zusammenfassende Übersicht für den Jäger über den erlaubten und verbotenen Umgang mit Waffen

- Sichere Verwahrung

Zu Hause (Altbesitz)

- ohne Aufsicht durch einen Berechtigten sind erlaubnispflichtige Schusswaffen und Munition in einem Sicherheitsbehältnis aufzubewahren (siehe Kapitel 15)
- Langwaffen mindestens in einem Behältnis Sicherheitsstufe A
- Kurzwaffen mindestens in einem Behältnis Sicherheitsstufe B
- Munition in einem Stahlblechschrank
- Waffen und Munition getrennt

Zu Hause
(für Sicherheitsbehältnisse ab dem 06.07.2017)

- ohne Aufsicht durch einen Berechtigten sind erlaubnisfreie Schusswaffen verschlossen aufzubewahren
- Munition in einem Stahlblechbehältnis mit Schwenkriegelschloss aufzubewahren
- Lang- / Kurzwaffen und verbotene Gegenstände mindestens in einen Sicherheitsbehältnis mit einen Widerstandsgrad „0“ aufzubewahren
- Waffen und Munition können zusammen aufbewahrt werden
- Waffen müssen entladen sein

Im Fahrzeug (Nr. 36.2.15 WaffVwV)

Grundsatz:
Schusswaffen und Munition dürfen ohne Aufsicht durch einen Berechtigten nicht im Fahrzeug verwahrt werden.

Ausnahmen:
- Waffen und Munition getrennt
- kurzfristiges Verlassen (z. B. Mittagessen, Tanken, Schüsseltreiben etc.)
- Fahrzeug muss verschlossen sein
- es darf nicht erkannt werden, dass eine Schusswaffe / Munition verwahrt wird
- erforderliche Vorkehrungen gegen Abhandenkommen sind getroffen, z. B.:
  - Befestigung am Fahrzeug oder
  - Aufbewahrung in einem verschlossenen Behältnis oder
  - Abdecken oder
  - Entfernung eines wesentlichen Waffenteiles oder
  - Anbringung einer Abzugssperrvorrichtung
  - am besten mehrere Maßnahmen treffen

Im Hotel (Nr. 36.2.15 WaffVwV)

Grundsatz:
Schusswaffen und Munition dürfen ohne Aufsicht durch einen Berechtigten nicht im Hotelzimmer verwahrt werden.

Ausnahmen:
- Waffen und Munition getrennt
- kurzfristiges Verlassen (z. B. Essen, Schüsseltreiben etc.)
- Schusswaffen und Munition in einem verschlossenen Transportbehältnis oder
- in einem verschlossenen Schrank oder
- in einem verschlossenen Behältnis (z. B. Möbeltresor) oder
- Entfernen eines wesentlichen Waffenteiles oder
- Anbringung einer Abzugssperrvorrichtung
- am besten mehrere Maßnahmen treffen

Erlaubter und verbotener Umgang mit Waffen

Zusammenfassende Übersicht für den Jäger über den erlaubten und verbotenen Umgang mit Waffen

- Führen und Transportieren

Zu Hause

- **Eigene Wohnung:**
  Tragen der Waffe in zugriffsbereitem und schussbereitem Zustand am Körper des Berechtigten erlaubt
- **Fremde Wohnung:**
  nur mit Zustimmung des Inhabers des Hausrechts und im Rahmen des eigenen Bedürfnisses oder im Zusammenhang damit
- Familienmitglieder oder sonstige Nichtberechtigte dürfen **keine Möglichkeit des Zugriffs** haben

Unterwegs

- **Fahrten von und zur Jagd, Fahrten in Zusammenhang damit** (= kleine Umwege, Schüsseltreiben etc.):
  Führen in zugriffsbereitem, nicht schussbereitem Zustand erlaubt;
  gilt auch für mitgeführte Kurzwaffen
- **Längere Fahrten, größere Umwege, Nicht-Jagd-Fahrten**
  (Schießstand, Büchsenmacher, längere Anfahrt zum Revier)
  Waffe muss transportiert werden, d. h. nicht zugriffsbereit und nicht schussbereit, z. B. im verschlossenen Futteral oder verschlossenen Waffenkoffer
- **Merke: Im Zweifel transportieren!**

Mitzuführende Papiere:

- Personalausweis
- Waffenbesitzkarte
- Jagdschein

(vgl. § 38 WaffG)

Im Revier

- **Führen der Waffe in zugriffs- und schussbereitem Zustand** zur befugten Jagdausübung, der Jagdhundeausbildung, zum Ein- und Anschießen im Revier und zum Jagd- und Forstschutz erlaubt;
  gilt auch für Kurzwaffe
- **Beachte aber die Vorschriften der UVV**
  (z. B. beim Besteigen und Fahren von Fahrzeugen muss die Waffe entladen sein, dies gilt auch für Fahrten im Revier. Entladen beim Übersteigen von Hindernissen etc.)

Mitzuführende Papiere:

- Personalausweis
- Waffenbesitzkarte
- Jagdschein

(vgl. § 38 WaffG)

Erlaubter und verbotener Umgang mit Waffen

Zusammenfassende Übersicht für den Jäger über den erlaubten und verbotenen Umgang mit Waffen

- Schießen

Zu Hause

- **Grundsatz: Schießen verboten**
- **Ausnahme:**
  - Notwehr, Nothilfe, Notstand
  - Inhaber des Hausrechts: Schusswaffen mit Bewegungsenergie bis zu 7,5 Joule, sofern Geschosse das Besitztum nicht verlassen können
  - Schusswaffen, aus denen nur Kartuschenmunition verschossen werden kann

Unterwegs

- **Grundsatz: Schießen verboten**
- **Ausnahme:**
  - Notwehr, Nothilfe
  - Notstand
    (Fangschuss auf überfahrenes Wild)

Im Revier

- **Grundsatz: Schießen erlaubt bei ...**
  - befugter Jagdausübung
  - Jagd- und Forstschutz
  - Notwehr, Nothilfe, Notstand
  - An- und Einschießen
  - Ausbildung von Jagdhunden
  - der befugten Jagdausübung gleichgestellt ist der Abschuss von Tieren, die dem Naturschutzrecht unterliegen, wenn die naturschutzrechtliche Ausnahme oder Befreiung die Tötung durch einen Jagdscheininhaber vorsieht
- **Genehmigungspflichtig:**
  Übungsschießen

Erwerb und Besitz von Schusswaffen infolge eines Erbfalles

Erwerb und Besitz von Schusswaffen infolge eines Erbfalles - „Erbenparagraph“ (§ 20 WaffG)

Inhalt der Vorschrift:

Regelung für Personen, die infolge eines Erbfalls, gleich ob als Erbe, Vermächtnisnehmer oder durch Auflage Begünstigter in den Besitz erlaubnispflichtiger Schusswaffen gelangen.

Privilegierung dieser Personengruppe:

Die genannten Personen dürfen Schusswaffen, die der Erblasser rechtmäßig besessen hat, erwerben und besitzen, **ohne dass Sachkunde und waffenrechtliches Bedürfnis vorliegen**. In diesem Fall sind die Waffen durch ein anerkanntes Blockiersystem zu sichern, damit mit ihnen nicht geschossen werden kann, sie aber nicht zerstört werden. Kann der Erbe ein Bedürfnis nachweisen (z. B. Jagdscheininhaber für ein Jagdgewehr), muss kein Blockiersystem eingebaut werden und er darf die für die Waffe bestimmte Munition mit übernehmen.

„Erbenprivileg“
Allerdings müssen die Personen **zuverlässig und persönlich geeignet** im Sinne des Waffenrechts sein.

Auch müssen sie das **18. Lebensjahr vollendet** haben. Dies bedeutet, dass Minderjährige die Waffen zwar erben können, diese jedoch bis zur Volljährigkeit in Besitz oder Verwahrung eines Berechtigten zu halten sind.

Pflichten privilegierter Personen:

- **Anzeigepflicht** (§ 37 I S. 1 Nr. 1 WaffG) unverzügliche (= ohne schuldhaftes Zögern) Anzeigepflicht für jeden, der aufgrund eines Erbfalls in irgendeiner Art und Weise erlaubnispflichtige Waffen oder Munition in Besitz (Obhut) nimmt.
  Die Verletzung dieser Pflicht ist eine **Ordnungswidrigkeit** nach § 53 I Nr. 5 WaffG.
- Innerhalb eines Monats nach Annahme der Erbschaft muss der **Erbe eine Waffenbesitzkarte beantragen**, bzw. die Waffen müssen in eine bereits ausgestellte **WBK eingetragen** werden.
  (Minderjährige erhalten keine Erben-WBK)
- **Beachte:**
  Die WBK berechtigt nicht zum Führen und Schießen mit den ererbten Waffen.
- **Keine Erlaubnis für den Erwerb und Besitz von Munition.**

Merke:
Privilegierung, weil der Erbe keine Sachkunde und kein waffenrechtliches Bedürfnis vorweisen muss.

Erläuterungen

Erwerb und Besitz von Schusswaffen infolge eines Erbfalls (§ 20 WaffG „Erbenparagraph")

Der Erbenparagraph ist eine Sonderregelung für Personen, die infolge eines Erbfalles in den Besitz einer erlaubnispflichtigen Schusswaffe gekommen sind. Zu diesen Personen zählen Erben, Vermächtnisnehmer oder durch Auflage Begünstigte.

Die Privilegierung dieser Personengruppe liegt darin, dass sie Schusswaffen, die der Erblasser rechtmäßig besessen hat, erwerben und besitzen können, ohne dass Sachkunde (§ 7 WaffG) und persönliches Bedürfnis (§ 8 WaffG) vorliegen. Persönliche Eignung sowie Zuverlässigkeit müssen neben der Volljährigkeit jedoch gegeben sein. Erbt ein Minderjähriger Schusswaffen, so sind diese bis zur Volljährigkeit in Besitz oder Verwahrung eines Berechtigten zu halten.

Die Erben von Schusswaffen trifft allerdings auch eine ganze Reihe von Pflichten. So müssen sie erlaubnispflichtige Schusswaffen, die sie aufgrund eines Erbfalles in Obhut nehmen, unverzüglich der zuständigen Behörde anzeigen (vgl. § 37 I S. 1 Nr. 1 WaffG). Die Verletzung dieser Pflicht stellt nach § 53 I Nr. 5 WaffG eine Ordnungswidrigkeit dar.

Zudem muss der Erbe innerhalb eines Monats nach Annahme der Erbschaft eine Waffenbesitzkarte beantragen. Die Erlaubnis zum Erwerb und Besitz wird aber nur erteilt, wenn der Erblasser die vererbten Waffen selbst rechtmäßig besessen hat. Dies hat zur Folge, dass ein unberechtigter Waffenbesitz des Erblassers nicht durch den Erbfall geheilt wird. Geprüft wird bei der Erteilung der Waffenbesitzkarte hier nur die Zuverlässigkeit und persönliche Eignung des Antragstellers. Ferner muss er volljährig sein. Der minderjährige Erbe erhält keine Erben-Waffenbesitzkarte. Beantragt er diese nach Erreichen der Volljährigkeit, so kann er sich nicht mehr auf das Erbenprivileg berufen. Er muss dann alle Voraussetzungen für die Erteilung der Waffenbesitzkarte erfüllen.

Im Erbfall muss die Waffe durch ein zugelassenes Blockiersystem, das von einem zugelassenen Büchsenmacher eingesetzt werden muss, funktionsuntüchtig gemacht werden, ohne dass die Waffe zerstört wird. Munition darf der Erbe nicht übernehmen, die muss er innerhalb einer angemessenen Frist vernichten, unbrauchbar machen oder einem Berechtigten überlassen. Diese Beschränkungen gelten nicht, wenn der Erbe ein Bedürfnis nachweisen kann (z. B. Jagdscheininhaber für eine Jagdwaffe, Sportschütze für eine Sportwaffe). In diesem Fall muss die Waffe nicht blockiert werden und er kann auch die dazugehörende Munition übernehmen.

Sonstige Pflichten

Prüfung der Erwerbsberechtigung, Anzeigepflicht beim Überlassen von Waffen und Munition (§ 34 WaffG)

Alle Waffen (nicht nur Schusswaffen) dürfen nur an Berechtigte überlassen werden, weil dieser dadurch die tatsächliche Gewalt darüber erlangen

- **Erwerb erlaubnispflichtiger Waffen:**
  entsprechende Erlaubnis muss vorliegen (§ 34 I S. 1 WaffG)
  Zuwiderhandlung:
  strafbar (§ 52 I Nr. 2 a WaffG)
- **Erwerb nicht erlaubnispflichtiger Waffen:**
  Nachweis der Volljährigkeit des Erwerbers
  Zuwiderhandlung:
  Bußgeld (§ 53 I Nr. 16 WaffG)
- **Berechtigung** kann klar zutage liegen oder des Nachweises bedürfen. (Lieber einmal mehr eine Berechtigung kontrollieren).

Überlassen von Privat an Privat

Überlasser muss:

- Erwerbsberechtigung prüfen
- schriftliche Anzeige des Überlassens bei der zuständigen Behörde
- Vorlage der Papiere innerhalb von zwei Wochen zur Berichtigung

Ausnahme:
vorübergehender Erwerb (§ 12 I WaffG)

Sinn und Inhalt der Anzeige

Sinn:

Weg der Waffe soll von den Sicherheitsbehörden verfolgt werden können.

Inhalt:

- Personalien des Erwerbers
- Angaben über das waffenrechtliche Erwerbspapier
- bei WBK auch deren Nummer und ausstellende Behörde

Sonstige Pflichten (§§ 24, 34, 35, 37, 38 WaffG)

Kennzeichnungspflicht, Markenanzeigepflicht (§ 24 WaffG)

Wer ab dem 01.04.2008 Schusswaffen herstellt oder in den Geltungsbereich dieses Gesetzes verbringt, hat unverzüglich mindestens auf einem wesentlichen Teil der Waffe deutlich sichtbar und dauerhaft folgende Angaben anzubringen:

1a. den Namen, die Firma oder eine eingetragene Marke des Herstellers der Schusswaffe,

1b. der nichtgewerbsmäßigen Herstellung nach § 26 den Namen des nicht gewerblichen Waffenherstellers

2. das Herstellungsland (zweistelliges Landeskürzel nach ISO 3166),

3. die Bezeichnung der Munition oder, wenn keine Munition verwendet wird, die Bezeichnung der Geschosse,

4. bei Importwaffen zusätzlich das Einfuhrland (Landeskürzel nach ISO 3166) und das Einfuhrjahr und

5. eine fortlaufende Nummer (Seriennummer).

Werbung, Hinweispflichten aus Sicht des Anbieters (§ 35 WaffG)

Gängiges Beispiel: Anzeige eines Privatmannes, der in einer Jagdzeitung eine Waffe zum Kauf anbietet.

Die folgenden gesetzlich festgelegten Hinweise müssen erteilt werden:

- **Verkauf einer erlaubnispflichtigen Waffe:**
  „Abgabe nur an Inhaber einer Erwerbserlaubnis“

- **Verkauf einer nicht erlaubnispflichtigen Waffe:**
  „Abgabe nur an Personen mit vollendetem 18. Lebensjahr“

- **Verkauf einer verbotenen Waffe:**
  „Abgabe nur an Inhaber einer Ausnahmegenehmigung“

- **Angabe von Namen, Anschrift** und ggf. eingetragener Marke

- **Beachte:**
  Privatleute können der Veröffentlichung ihrer persönlichen Angaben widersprechen, in diesem Fall muss das Publikationsorgan (Zeitung) die Urkunden zu dem Vorgang ein Jahr aufbewahren.

Sonstige Pflichten

Anzeigepflichten (§ 37 - 37 i WaffG)

Der Erwerb erlaubnispflichtiger Waffen und Munition löst eine unverzügliche Anzeigepflicht bei der zuständigen Behörde aus. Ausschlaggebend ist die Inbesitznahme bei ...

Tod des Waffenbesitzers im Wege der Erbfolge (siehe dazu auch Kapitel 18) oder als Nachlassverwalter

Fund o. ä. Verpflichtung nach § 965 BGB zur Fundanzeige

Amtlicher Tätigkeit z. B. Insolvenzverwalter, Nachlassverwalter

Maßnahmen der Behörde bei Anzeige

Sicherstellung (= vorübergehende Maßnahme)

Anordnung der Unbrauchbarmachung (um Verursachung von Schäden durch die angezeigte Waffe zu verhindern)

Überlassen an Berechtigten

Abhandenkommen einer Waffe oder Erlaubnisurkunde (§ 37 b Abs. 3 WaffG)

Das Abhandenkommen (= Verlust der tatsächlichen Gewalt) einer Waffe, Munition oder Erlaubnisurkunde ist der Waffenbehörde unverzüglich anzuzeigen. Die Waffenbehörde ist dann verpflichtet, die örtliche Polizei zu informieren (§ 37 b Abs. 5 WaffG), damit möglichst schnell Ermittlungen über den Verbleib der abhandengekommenen Gegenstände eingeleitet werden können.

Inhaber waffenrechtlicher Erlaubnisse und Bescheinigungen sind verpflichtet, bei ihrem Wegzug ins Ausland ihre neue Anschrift der zuletzt für sie zuständigen Waffenbehörde mitzuteilen.

Sonstige Pflichten

Ausweispflichten (§ 38 WaffG)

Die Ausweispflicht wird nach § 38 WaffG durch das Führen einer Waffe ausgelöst, wobei dies sich auf alle Waffen bezieht, nicht nur auf Schusswaffen. Es soll an dieser Stelle nur auf die für Jäger relevanten Bereiche eingegangen werden. Dies sind:

Jagdausübung und im Zusammenhang mit der Jagd

Bei der befugten Jagdausübung sind mitzuführen:
- Pass oder Personalausweis
- Waffenbesitzkarte
- Jagdschein

Beachte:
Diese Dokumente müssen dem Kontrollorgan auf Verlangen zur Prüfung ausgehändigt werden.

Transport

Beim Transport sind mitzuführen:

- Pass oder Personalausweis
- Waffenbesitzkarte

Beachte:
Diese Dokumente müssen dem Kontrollorgan auf Verlangen zur Prüfung ausgehändigt werden.

Jagdreise in einen anderen EU-Staat (32 VI WaffG)

- Pass oder Personalausweis
- Europäischer Feuerwaffenpass
- ggf. Zustimmung des anderen Mitgliedstaates nach dessen Recht

(Empfehlung rechtzeitig bei der zuständigen Botschaft anfragen)

Ausleihen / sicheres Verwahren

Anstelle der WBK muss eine Bescheinigung mitgeführt werden, mit dem Namen des Überlassers und des Besitzberechtigten sowie das Datum der Überlassung.

Erwerb von Langwaffen mit Jagdschein

Anstelle der WBK muss ein schriftlicher Nachweis mitgeführt werden, aus dem hervorgeht, dass die Antragsfrist noch nicht verstrichen ist oder ein Antrag auf Eintrag gestellt ist.

Erläuterungen

Sonstige Pflichten (§§ 24, 34,35, 36, 37, 38 WaffG)

Kennzeichnungspflicht, Markenanzeigepflicht (§ 24 WaffG)

Die Kennzeichnungspflicht bezieht sich nur auf Neuwaffen, die gehandelt oder importiert werden. Der private Waffenverkauf ist von dieser Regelung nicht betroffen. Erwirbt ein Berechtigter eine nach dem 01.04.2008 hergestellte Neuwaffe, müssen die genannten Kennzeichnungen auf der Waffe vorhanden sein. Die Seriennummer ist bei zusammengesetzten Langwaffen auf dem Lauf und bei zusammengesetzten Kurzwaffen auf dem Griffstück anzubringen.

Überlassen von Waffen und Munition, Prüfung der Erwerbsberechtigung, Anzeigepflicht (§ 34 WaffG)

Hier soll nur das Überlassen von Waffen und Munition von Privat an Privat (im Gegensatz zum gewerblichen Überlassen) behandelt werden, weil dies für Jäger nahe an der Praxis ist. Werden erlaubnispflichtige Waffen (nicht nur Schusswaffen) einem anderen überlassen, so muss dieser erwerbsberechtigt sein. Folglich muss seitens des Erwerbers eine entsprechende waffenrechtliche Erlaubnis vorliegen. Diese kann klar zutage liegen. Ist dies nicht der Fall, so muss sie vom Erwerber nachgewiesen werden, z. B. durch Vorlage der waffenrechtlichen Erlaubnisurkunden wie Jagdschein, Waffenbesitzkarte, etc. Überlässt man erlaubnispflichtige Waffen an einen Nichtberechtigten, so macht man sich nach § 52 I Nr. 2 a WaffG strafbar. Ein Bußgeld wird verhängt, wenn man nicht erlaubnispflichtige Waffen einem Nichtberechtigten, z. B. Minderjährigen, überlässt (vgl. § 53 I Nr. 16 WaffG; vgl. System der Sanktionsvorschriften Kapitel 6). Beim Überlassen erlaubnispflichtiger Schusswaffen muss der Überlassende die Erwerbsberechtigung prüfen.

Außerdem muss er dies der zuständigen Behörde innerhalb von zwei Wochen schriftlich anzeigen (vgl. § 43 II S. 2 WaffG) und ihr die Papiere zur Berichtigung vorlegen (z. B. Waffenbesitzkarte, Europäischer Feuerwaffenpass). Eine Ausnahme gilt in den Fällen des vorübergehenden Überlassens im Sinne des § 12 I WaffG (siehe Kapitel 13). Die Anzeige enthält die Personalien des Erwerbers, Angaben über das waffenrechtliche Erwerbspapier, bei einer Waffenbesitzkarte deren Nummer und die ausstellende Behörde. Durch die Anzeige bei der zuständigen Behörde soll erreicht werden, dass der Weg der Waffe von den Sicherheitsbehörden verfolgt werden kann.

Werbung und Hinweispflichten aus Sicht des Anbieters (§ 35 WaffG)

Ein privater Anbieter von Waffen oder Munition, der in Anzeigen oder Werbeschriften Reklame für sein Angebot macht, muss darin ganz bestimmte Hinweise geben, die gesetzlich festgelegt sind. Will er beispielsweise eine erlaubnispflichtige Schusswaffe verkaufen oder tauschen, so muss die Anzeige den Hinweis enthalten, dass die Abgabe der Waffe nur an Inhaber einer waffenrechtlichen Erwerbserlaubnis erfolgt. Soll eine nicht erlaubnispflichtige Waffe verkauft oder getauscht werden, so muss der Hinweis erfolgen, dass die Abgabe nur an Personen mit vollendetem 18. Lebensjahr erfolgen kann. Wird eine verbotene Waffe angeboten, so muss darauf hingewiesen werden, dass diese nur an den Inhaber einer Ausnahmegenehmigung abgegeben werden kann. Zudem ist erforderlich, dass der Anbieter in den Anzeigen oder Werbeschriften seinen Namen, seine Anschrift und ggf. seine Adresse nennt. Ist ein Privatmann mit der Veröffentlichung seiner Daten nicht einverstanden, so muss das Publikationsorgan die Urkunden zu diesem Geschäftsvorgang ein Jahr lang aufbewahren.

Anzeigepflichten (§§ 37 - 37 i WaffG)

Der Erwerb erlaubnispflichtiger Waffen und Munition löst eine unverzügliche Anzeigepflicht bei der zuständigen Behörde aus. Maßgeblicher Zeitpunkt ist die Inbesitznahme beim Tod des Waffenbesitzers im Wege der Erbfolge oder als Nachlassverwalter, bei Fund (§ 965 BGB Verpflichtung zur Fundanzeige!) oder im Rahmen amtlicher Tätigkeiten, z. B. als Insolvenzverwalter oder Nachlassverwalter. Wird der Behörde die Inbesitznahme angezeigt, so kann sie die Waffen und Munition vorübergehend sicherstellen. Sie kann aber auch anordnen, dass die Waffen innerhalb einer angemessenen Frist unbrauchbar gemacht oder einem Berechtigten übergeben werden, was der Behörde wiederum nachzuweisen ist.

Das Abhandenkommen erlaubnispflichtiger Waffen, Munition oder Erlaubnisurkunden ist der Behörde ebenfalls unverzüglich anzuzeigen. Die Waffenbehörde muss dann die Polizei informieren, damit möglichst schnell Ermittlungen über den Verbleib der abhandengekommenen Gegenstände eingeleitet werden können.
Ein Waffenbesitzkarteninhaber ist verpflichtet, seinen Wegzug ins Ausland der Behörde, unter Angabe seiner neuen Adresse, mitzuteilen.

Erläuterungen

Ausweispflichten (§ 38 WaffG)
Wer eine erlaubnispflichtige Waffe (alle Waffen) führt, muss in der Lage sein, sich ordnungsgemäß auszuweisen. Auch hier wird nur auf die für Jäger relevanten Bereiche eingegangen. Bei befugter Jagdausübung und beim Transport von Waffen muss der Berechtigte seinen Pass oder Personalausweis, die Waffenbesitzkarte und den Jagdschein mit sich führen. Diese Dokumente müssen dem Kontrollorgan auf Verlangen zur Prüfung ausgehändigt werden. Wer eine Jagdreise in einen anderen Staat der Europäischen Union unternimmt, muss neben seinem Pass oder Personalausweis einen Europäischen Feuerwaffenpass und gegebenenfalls die schriftliche Zustimmung des anderen Staates mit sich führen. Der Europäische Feuerwaffenpass ist ein Legitimationsnachweis für Schusswaffen und / oder Munition, der dem Antragsteller in dessen Heimat-EU-Staat ausgestellt werden muss. Er ist für Reisen in oder durch Staaten der EU notwendig, auf denen Waffen mitgeführt werden. Vor der Einreise mit Waffen in einen EU-Staat muss zudem dessen Zustimmung für die Waffeneinfuhr vorliegen. In ihr müssen die mitzunehmenden Waffen und die dafür bestimmte Munition vermerkt sein. Voraussetzungen für die Ausstellung eines Europäischen Feuerwaffenpasses in Deutschland sind, dass man Inhaber einer Waffenbesitzkarte ist und die darin enthaltenen Waffen rechtmäßig besitzt. Er ersetzt in Deutschland jedoch nicht die Waffenbesitzkarte.

Wer eine erlaubnispflichtige Waffe ausleiht oder sicher verwahrt muss eine Bescheinigung mit sich führen in der die Waffendaten, die Daten der WBK, die Daten des Besitzberechtigten und das Ausleihdatum eingetragen sein müssen.

Verbringen von Waffen oder Munition

Verbringen und Mitnahme von Waffen in, durch oder aus dem Geltungsbereich des Gesetzes (§§ 29 - 33 WaffG)

- Verbringen von Waffen und Munition

Unter Verbringen versteht man den Transport von Waffen oder Munition über die Grenze zum dortigen Verbleib oder mit dem Ziel des Besitzwechsels.

Verbringen von Waffen oder Munition nach Deutschland (Einfuhr)

- erlaubnispflichtig; Erlaubnis **umfasst nur den Grenzübertritt**, für den Umgang im Inland danach gelten die allgemeinen waffenrechtlichen Erlaubnisse
- erfasst sind Waffen und Munition, deren Besitz und Erwerb nach deutschem Recht der Erlaubnis bedarf
- **Erteilungsvoraussetzungen:**
  - Berechtigung des Empfängers zum Erwerb oder Besitz
  - Garantie des sicheren Transports

Beachte:
neben Pass oder Personalausweis und ggf. WBK oder Waffenschein muss der Erlaubnisschein mitgeführt werden, um der Ausweispflicht nach § 38 WaffG zu genügen

Verbringen von Waffen oder Munition durch Deutschland (Durchfuhr)

- erlaubnispflichtig; Erteilung in Form einer Zustimmung
- umfasst einen **reinen Transportvorgang (Transit)**, der seinen Abschluss nicht in Deutschland hat
- **Erteilungsvoraussetzungen:**
  - waffenrechtliche Berechtigung des Transporteurs
  - Garantie des sicheren Transports
  - waffenrechtliche Berechtigung des Empfängers ist unerheblich

Beachte:
neben Pass oder Personalausweis und ggf. WBK oder Waffenschein muss der Erlaubnisschein mitgeführt werden, um der Ausweispflicht nach § 38 WaffG zu genügen

Verbringen von Waffen oder Munition von Deutschland in einen anderen EU-Staat (Ausfuhr)

- vorherige Zustimmung des EU-Staates
- Garantie des sicheren Transports durch Berechtigten
- erfasst sind Schusswaffen oder Munition nach Anlage 1 Abschnitt 3 A - D

Beachte:
erleichtertes Verfahren für Waffengewerbetreibende (§ 31 II WaffG)

Verbringen von Waffen oder Munition

Verbringen und Mitnahme von Waffen in, durch oder aus dem Geltungsbereich des Gesetzes (§§ 29 - 33 WaffG)

- Mitnahme von Waffen oder Munition

Waffen oder Munition werden mitgenommen, wenn sie vorübergehend auf einer Reise ohne Aufgabe des Besitzes zum Zwecke der Verwendung in oder durch den Geltungsbereich des Gesetzes gebracht werden. Die Aufgabe als Gepäck stellt keinen Besitzwechsel dar (Beispiel: Jagdreise).

Mitnahme von Waffen oder Munition in oder durch den Geltungsbereich des Gesetzes

- erlaubnispflichtige Umgangsform
- erfasst sind Waffen und Munition, deren Besitz und Erwerb nach deutschem Recht der Erlaubnis bedarf
- Erteilungsvoraussetzungen wie in § 4 I Nr. 1 bis 4 WaffG, d. h.
  - Volljährigkeit
  - Zuverlässigkeit
  - Persönliche Eignung
  - Sachkunde
  - waffenrechtliches Bedürfnis
- Mitnahmeerlaubnis ist nicht zwingend eine Einzelerlaubnis, sie kann für mehrere Mitnahmevorgänge erteilt werden; zeitliche Begrenzung auf ein Jahr mit Verlängerungsmöglichkeiten

Europäischer Feuerwaffenpass

- Legitimationsnachweis für Schusswaffen und / oder Munition innerhalb der Europäischen Union, der dem Antragsteller in dessen Heimat-EU-Staat ausgestellt werden muss
- erforderlich für Reisen in oder durch Staaten der EU, bei denen Waffen mitgenommen werden
- vor der Einreise mit Waffen in einen EU-Staat ist zudem dessen Zustimmung zur Waffeneinfuhr einzuholen
- mitzunehmende Waffen und die dafür bestimmte Munition müssen darin vermerkt sein

Erleichterungen für Jäger und Sportschützen (§ 32 III WaffG)

- **Ein- und Durchreise ohne Erlaubnis:** Inhaber eines Europäischen Feuerwaffenpasses können waffenrechtliche Gegenstände innerhalb von EU-Staaten ohne Erlaubnis mitnehmen.
  Die Ausnahme gilt für **drei Personengruppen**, nämlich Jäger, Sportschützen und Brauchtumsschützen.
- **Jäger:** erlaubnisfreie Mitnahme von bis zu drei Langwaffen nebst zugehöriger Munition nach Anlage 1 Abschnitt 3 der Kategorie C, nachweisliche Mitnahme zum Zwecke der Jagd
- **Sportschützen:** erlaubnisfreie Mitnahme von bis zu sechs Waffen nebst Munition zur Ausübung des Schießsports (Wettkampf)
- **Brauchtumsschützen:** erlaubnisfreie Mitnahme von bis zu drei Einzellader oder Repetier-Langwaffen nach Anlage 1 Abschnitt 3 der Kategorie C und die dafür bestimmte Munition zur nachweisbaren Teilnahme an Brauchtumsveranstaltungen
- Nachweis, z. B. durch Vorlage einer Einladung

Beachte:
Europäischer Feuerwaffenpass sowie Beleg für den Grund der Mitnahme sind neben Pass oder Personalausweis mitzuführen (vgl. § 38 WaffG).

Verbringen von Waffen oder Munition

Verbringen und Mitnahme von Waffen in, durch oder aus dem Geltungsbereich des Gesetzes (§§ 29 - 33 WaffG)

- Mitnahme von Waffen oder Munition

Erlaubnis für Personen, die in Drittstaat leben (§ 32 IV WaffG)

- Jäger, Sportschützen und Brauchtumsschützen, die nicht in einem EU-Staat leben, können unter erleichterten Bedingungen eine Mitnahmeerlaubnis erhalten
- **Voraussetzungen:**
  - Waffen müssen zu einer zugelassenen Kategorie gehören
  - Zweckbindung (Jagd, Wettkampf, Brauchtumsveranstaltung)
  - Zuverlässigkeit, persönliche Eignung

Entbehrlichkeit der Erlaubnis bei Einreise nach Deutschland (§ 32 V WaffG)

- Mitnahme von Waffen, für die der Mitnehmende eine waffenrechtliche Erlaubnis besitzt
- Mitnahme von Signalwaffen und Munition an Bord von Schiffen aus Sicherheitsgründen

Europäischer Feuerwaffenpass

Berechtigten Besitzern von Schusswaffen und Munition wird auf Antrag ein Europäischer Feuerwaffenpass ausgestellt.

Anmelde- und Nachweispflicht bei Verbringen oder Mitnahme von Waffen oder Munition aus einem Drittstaat in oder durch den Geltungsbereich des Gesetzes (§ 33 WaffG)

Waffen, die aus einem Staat, der nicht zur EU gehört, nach oder durch Deutschland mitgenommen werden, müssen bei Grenzübertritt bei der zuständigen Überwachungsbehörde (= Bundespolizei) angemeldet und auf Verlangen vorgeführt werden. Es kann auch die Vorlage des Berechtigungsnachweises zum Verbringen oder Mitnehmen verlangt werden. Ferner können die Transportmodalitäten durch die Bundespolizei überprüft werden.

Erläuterungen

Verbringen und Mitnahme von Waffen in, durch und aus dem Geltungsbereich des Gesetzes (§§ 29 - 33 WaffG)

Verbringen von Waffen und / oder Munition in, durch und aus dem Geltungsbereich des Gesetzes
Unter dem Verbringen einer Waffe versteht man den Transport von Waffen und / oder Munition über die Grenze zum dortigen Verbleib oder mit dem Ziel des Besitzwechsels in den, durch den oder aus dem Geltungsbereich des WaffG zu sich selbst oder zu einer anderen Person (Einfuhr nach Deutschland, Ausfuhr oder Durchfuhr). Das Verbringen einer Waffe ist also darauf gerichtet, dass die Waffe auf Dauer an einen anderen Ort zum dortigen Verbleib gebracht wird. Vom Begriff des Verbringens ist die Mitnahme von Waffen oder Munition (§ 32 WaffG) abzugrenzen. Die Mitnahme von Waffen hingegen hat den Charakter des Vorübergehenden. Waffen oder Munition werden mitgenommen, wenn sie vorübergehend auf einer Reise ohne Aufgabe des Besitzes zum Zwecke der Verwendung (z. B. Jagd) in oder durch den Geltungsbereich des Gesetzes gebracht werden.

Einfuhr nach Deutschland (§ 29 WaffG)
Die Einfuhr von Waffen oder / und Munition nach Deutschland ist erlaubnispflichtig. Erfasst sind Waffen und Munition, deren Erwerb und Besitz nach deutschem Recht einer Erlaubnis bedarf. Die Erlaubnis für die Einfuhr umfasst lediglich den Grenzübertritt, sie reicht nicht bis zum Zielort, an dem die Gegenstände verbleiben sollen. Für den Umgang mit Waffen und Munition im Inland, also nach dem Grenzübertritt, sind die allgemeinen Waffenerlaubnisse für Erwerb, Besitz und Führen notwendig.

Für die Erteilung einer Einfuhrerlaubnis müssen zwei Voraussetzungen kumulativ erfüllt werden:

- Zum Einen muss der Empfänger der Waffe bzw. Munition, an den die Gegenstände nach dem Grenzübertritt gelangen sollen, erwerbs- und besitzberechtigt sein. Dies erfordert z. B. das Vorliegen einer Waffenbesitzkarte.

- Zum Anderen muss die Sicherheit des Transports zum Empfänger durch einen seinerseits Berechtigten garantiert sein.

Der Empfänger muss neben Pass oder Personalausweis und gegebenenfalls der Waffenbesitzkarte oder Waffenschein auch den Erlaubnisschein mitführen, um der Ausweispflicht nach § 38 WaffG genüge zu tun.

Durchfuhr durch Deutschland
Das Verbringen von Waffen durch Deutschland ist ebenfalls erlaubnispflichtig. Die Erlaubnis umfasst einen reinen Transportvorgang, der seinen Abschluss nicht in Deutschland hat.
Die Erlaubnis wird in Form einer Zustimmung erteilt.

Folgende Voraussetzungen müssen für die Erteilung dieser Erlaubnis vorliegen:

- Der Transporteur muss eine waffenrechtliche Berechtigung haben und den sicheren Transport garantieren.

- Die waffenrechtliche Berechtigung des Empfängers ist für deutsche Behörden unerheblich, da dieser die Waffe nicht in Deutschland in Empfang nimmt.

- Der Transporteur muss neben Pass oder Personalausweis und gegebenenfalls der Waffenbesitzkarte oder Waffenschein auch den Erlaubnisschein mitführen, um der Ausweispflicht nach § 38 WaffG genüge zu tun.

Ausfuhr aus Deutschland in einen anderen Mitgliedstaat der EU
Bei der Ausfuhr von Waffen und / oder Munition nach Anlage 1 Abschnitt 3 der Kategorie C in einen anderen Mitgliedsstaat der EU muss die Zustimmung des aufnehmenden Staates vor Einfuhr vorliegen. Darüber hinaus muss der sichere Transport durch einen waffenrechtlich Berechtigten garantiert sein. Für Waffengewerbetreibende wird das Verfahren erleichtert.

Erläuterungen

Mitnahme von Waffen oder Munition

Waffen oder Munition werden mitgenommen, wenn sie vorübergehend auf einer Reise ohne Aufgabe des Besitzes zum Zwecke der Verwendung in oder durch den Geltungsbereich des Gesetzes gebracht werden. Die Aufgabe als Gepäck stellt keinen Besitzwechsel dar (Beispiel: Jagdreise). Die grenzüberschreitende Mitnahme von Schusswaffen und Munition bedarf grundsätzlich der Erlaubnis. Die Regelung des § 32 WaffG gilt für die Mitnahme vom Ausland nach Deutschland und durch Deutschland hindurch. Erfasst sind Waffen und Munition der Anlage 1 Abschnitt 3 (Kategorien A 1.2 bis C) und sonstige Schusswaffen, deren Erwerb und Besitz nach deutschem Recht der Erlaubnis bedarf.

Die Voraussetzungen für die Erteilung der Erlaubnis entsprechen § 4 I Nr. 1 bis 4 WaffG, d. h.

- Volljährigkeit
- Zuverlässigkeit
- persönliche Eignung
- Sachkunde
- waffenrechtliches Bedürfnis

Die Mitnahmeerlaubnis gilt nicht zwingend für einen einzelnen Vorgang. Sie kann vielmehr auch für mehrere Mitnahmevorgänge erteilt werden und kann eine Geltungsdauer von einem Jahr haben, wobei Verlängerung möglich ist. Personen, die nicht aus einem EU-Mitgliedsstaat stammen, müssen bei Mitnahme von Waffen oder Munition nach Anlage 1 Abschnitt 3 (Kategorien A 1.2 bis C) durch den Geltungsbereich des Gesetzes in einen anderen Mitgliedstaat über die vorherige Zustimmung dieses Ziel-Mitgliedstaates verfügen.
Personen, die ihren gewöhnlichen Aufenthalt in einem anderen Mitgliedstaat der EU haben, dürfen eine Erlaubnis zur Mitnahme nur dann erhalten, wenn sie im Besitz eines europäischen Feuerwaffenpasses sind, den ihr Heimatstaat ausgestellt hat und in den die mitzunehmenden Waffen oder Munition eingetragen sind.
Für Reisen in oder durch Staaten der EU, bei denen Waffen mitgenommen werden, ist ein Europäischer Feuerwaffenpass notwendig.

Inhaber eines europäischen Feuerwaffenpasses können jedoch nach § 32 II WaffG waffenrechtliche Gegenstände innerhalb von EU-Staaten ohne Erlaubnis mitnehmen, wenn sie Jäger, Sportschützen oder Brauchtumsschützen sind. Jäger dürfen bis zu drei Langwaffen nebst zugehöriger Munition erlaubnisfrei mitnehmen, wenn dies nachweislich zum Zwecke der Jagd geschieht. Sportschützen dürfen bis zu sechs Langwaffen nebst zugehöriger Munition erlaubnisfrei mitnehmen, wenn dies nachweislich zur Ausübung des Schießsports geschieht (z. B. Wettkampf). Brauchtumsschützen ist die erlaubnisfreie Mitnahme von bis zu drei Einzellader oder Repetierlangwaffen nach Anlage 1 Abschnitt 3 (Kategorien A 1.2 bis C) zur nachweislichen (z. B. durch Einladung) Teilnahme an Brauchtumsveranstaltungen gestattet. Bei der Mitnahme ist neben dem Europäischen Feuerwaffenpass der Pass oder Personalausweis mitzuführen.

Jäger, Sport- oder Brauchtumsschützen, die in einem Drittstaat leben, können unter erleichterten Bedingungen eine Mitnahmeerlaubnis erhalten (vgl. § 32 IV WaffG). Dazu müssen die Waffen einer zugelassenen Kategorie angehören, dem Zweck der Jagd, des sportlichen Wettkampfes oder einer Brauchtumsveranstaltung dienen. Zudem müssen die Personen zuverlässig und persönlich geeignet sein.

Bei der Wiedereinreise oder Durchreise ist dann keine Erlaubnis notwendig, wenn der Mitnehmende für die Waffen und Munition eine waffenrechtliche Erlaubnis besitzt. Außerdem ist eine Erlaubnis nicht notwendig, wenn Signalwaffen und deren Munition an Bord von Schiffen aus Sicherheitsgründen mitgenommen werden (vgl. § 32 V WaffG).

Anmelde- und Nachweispflicht bei Verbringen oder Mitnahme von Waffen oder Munition aus einem Drittstaat in oder durch den Geltungsbereich des Gesetzes (§ 33 WaffG)

Waffen, die aus einem Staat, der nicht zur EU gehört, nach oder durch Deutschland mitgenommen werden, müssen bei Grenzübertritt bei der zuständigen Überwachungsbehörde (= Bundespolizei) angemeldet und auf Verlangen vorgeführt werden. Es kann auch die Vorlage des Berechtigungsnachweises zum Verbringen oder Mitnehmen verlangt werden.
Ferner können die Transportmodalitäten durch die Bundespolizei überprüft werden.

Waffenregistergesetz

§ 1 WaffRG

Zweck des Waffenregistergesetzes:

Die zuständigen öffentlichen Stellen können

- Waffen und wesentliche Teile zurückverfolgen
- Daten untereinander austauschen

Dazu werden Daten zu Personen, Waffen und waffenrechtliche Erlaubnisse einander zugeordnet:

- Waffen und wesentliche Teile den waffenrechtlichen Erlaubnissen und
- waffenrechtliche Erlaubnisse den Personen

§§ 5 und 7 WaffRG

Die Registerbehörde erteilt

- für die Entscheidung über die Erteilung einer waffenrechtlichen Genehmigung eine **Waffenrechtliche-Entscheidungs-Ordnungsnummer**
- für die Grunddaten einer Person eine **Personen-Ordnungsnummer**
- für die Grunddaten der Waffe eine **Waffen-Ordnungsnummer**
- für die Grunddaten wesentlicher Waffenteile eine **Waffenteile-Ordnungsnummer** oder

§ 9 WaffRG

Waffenhersteller und Waffenhändler haben die Anzeigepflichten aus den §§ 37, 37 b, 37 c und 37 d WaffG den Waffenbehörden automatisiert zu übermitteln.

Die Waffenbehörden beantragen danach bei der Registerbehörde eine **Waffen-Ordnungsnummer** oder für wesentliche Teile eine **Waffenteile-Ordnungsnummer**.

Ausnahme

Jagdscheininhaber die ihre erste Langwaffe aufgrund des Jagdscheins erwerben.

Hier werden die **Waffenrechtliche-Entscheidungs-Ordnungsnummer**, die **Personenordnungsnummer** und die **Waffen-Ordnungsnummer** oder für wesentliche Teile eine **Waffenteile-Ordnungsnummer** durch die Waffenbehörde bei der Ausstellung der Waffenbesitzkarte bei der Registerbehörde beantragt.

Erläuterungen

Waffenbehörden sind die örtlich zuständigen waffenrechtlichen Erlaubnisbehörden, die Registerbehörde ist das Bundesverwaltungsamt.

Für Waffenbesitzkarteninhaber werden durch die Waffenbehörde **Personen-Ordnungsnummer**, für eingetragene Waffen **Waffen-Ordnungsnummer** oder für wesentliche Teile **Waffenteile-Ordnungsnummer** beantragt und den Waffenbesitzkarteninhabern übermittelt.

Die Waffenhersteller müssen für hergestellte Waffen oder wesentliche Teile bei der zuständigen Waffenbehörde **Waffen-Ordnungsnummer** oder für wesentliche Teile **Waffenteile-Ordnungsnummer** automatisiert beantragen. Diese Ordnungsnummern werden durch die Registerbehörde zugeteilt. Die Ordnungsnummern müssen dann bei jeder Weitergabe (z. B. Verkauf an einen Händler) mit der **Personen-Ordnungsnummer** (z. B. der des Händlers) der Behörde gemeldet werden.

Händler müssen für Waffen oder wesentliche Teile, für die noch keine **Waffen-Ordnungsnummer** oder **Waffenteile-Ordnungsnummer** erteilt sind, diese Ordnungsnummern bei der Behörde automatisiert beantragen. Werden Waffen oder wesentliche Waffenteile vom Händler anderen überlassen, oder von anderen übernommen hat er die **Personen-Ordnungsnummer**, **Waffen-Ordnungsnummer** oder **Waffenteile-Ordnungsnummer** der Waffenbehörde automatisiert zu melden.

Die Waffenbehörde muss beim ersten Antrag auf Ausstellung einer waffenrechtlichen Erlaubnis bei der Registerbehörde die **Waffenrechtliche-Entscheidungs-Ordnungsnummer** und für die Grunddaten einer Person eine **Personen-Ordnungsnummer** beantragen.

Dann werden durch die Behörde alle Ordnungnummern **(Waffenrechtliche-Entscheidungs-Ordnungsnummer, Personen-Ordnungsnummer** und **Waffen-Ordnungsnummer** und ggf. **Waffenteile-Ordnungsnummer)** zusammengeführt.

Bei weiteren Entscheidungen durch die Waffenbehörde hat sie bei der Registerbehörde eine **Waffenrechtliche-Entscheidungs-Ordnungsnummer** zu beantragen und der Personen-Ordnungsnummer zuzuordnen.

Durch diese Zuordnung soll der gesamte „Lebensweg" inklusive aller waffenrechtlichen Entscheidungen einer Waffe vom Hersteller über Händler, Erwerber, Verkäufer bis zur Vernichtung lückenlos nachverfolgt werden können. Außerdem können autorisierten Behörden (z. B. Polizei, Verfassungsschutz u. a.) dadurch umfassend über den Waffenbesitzer und seinen Waffenbesitz Informationen einholen.

Ausnahme:
Erwirbt ein Jagdscheininhaber (z. B. Jungjäger) seine erste Langwaffe, aufgrund seines Jagdscheines, ohne vorher im Besitz einer Waffenbesitzkarte zu sein, hat der Waffenhändler die **Waffen-Ordnungsnummer** und die Daten des Erwerbers, ohne **Personen-Ordnungsnummer** automatisiert der Waffenbehörde zu übermitteln. Die **Waffenrechtliche-Entscheidungs-Ordnungnummer** und **Personen-Ordnungsnummer** werden dann durch die Waffenbehörde vor dem Ausstellen der ersten Waffenbesitzkarte bei der Registerbehörde eingeholt und mit der **Waffen-Ordnungsnummer** zusammengeführt.

Beschussgesetz

Feuerwaffen müssen, bevor sie in den Verkehr gebracht werden, amtlich beschossen werden und werden je nach Waffenart mit einem entsprechenden Prüf- und / oder Beschusszeichen versehen (§ 3 BeschG).
Eine Waffe muss erneut beschossen werden, wenn wesentliche Teile (Lauf, Patronenlager, Verschluss etc.) verändert werden (vgl. § 3 II BeschG).

Das Beschussamt prüft nach § 5 BeschG:

Maßhaltigkeit

ist gegeben, wenn die Maße der Munition mit den Innenmaßen der Feuerwaffe entsprechen. Nur dann kann Schusspräzision erreicht werden.

Funktionssicherheit

Dabei ist z. B. insbesondere zu prüfen, ob die Patrone leicht eingeführt werden kann und die Hülse nach dem Schuss wieder leicht herausgenommen werden kann, die Sicherung einwandfrei arbeitet, Lademechanismus funktioniert etc.

Haltbarkeit

Materialprüfung, bei der festgestellt werden soll, ob die höchstbeanspruchten Teile dem Gasdruck standhalten.

Vorgeschriebene Kennzeichnungen

Beschussgesetz

Kennzeichnung und Beschusszeichen von Schusswaffen

Vorgeschriebene Kennzeichnungen
(§ 24 WaffG) bestehen aus:

- den Namen, die Firma oder eine eingetragene Marke eines Waffenherstellers oder -händlers, der im Geltungsbereich des WaffG eine gewerbliche Niederlassung hat
- das Herstellungsland (zweistelliges Landeskürzel nach ISO 3166)
- die Bezeichnung der Munition, wenn keine Munition verwendet wird, die Bezeichnung der Geschosse
- bei Importwaffen zusätzlich das Einfuhrland (Landeskürzel nach ISO 3166)
- das Einfuhrjahr
- eine fortlaufende Nummer

Beschusszeichen bis Oktober 2014
(§ 6 BeschG) bestanden aus:

- Bundesadler mit Kennbuchstaben für Beschussart
- Ortszeichen des Beschussamtes
- Beschussdatum (z. B. 14 oder BE)

Beschusszeichen seit Oktober 2014
(§ 6 BeschG) bestehen aus:

- CIP mit Kennbuchstaben der Beschussart
- Ortszeichen des Beschussamtes
- Beschussjahr (z. B. 15 oder BF)

Beispiel:
für Beschusszeichen eines Repetiergewehrs Kaliber .300 Winchester Magnum von Amerika nach Deutschland eingeführt

bis Oktober 2014

BE .300 Winchester Magnum
Hersteller und Händler

ab 2015

BF . 300 Winchester Magnum
Hersteller und Händler DE US

Das Beschussjahr kann in Zahlen (z. B. 14 für 2014) oder kodiert (z. B. BE = 2014) angebracht werden.

Bei der Kodierung werden die Buchstaben A – K für die Zahlen 0 – 9 (I/J = 8) verwendet.

Beschussgesetz

Folgende Kennbuchstaben werden verwendet:

Bis Oktober 2014		Seit Oktober 2014
N	Normaler Beschuss	CIP N
J	Instandsetzungsbeschuss	CIP N
V	Verstärkter Beschuss	CIP S
SP	Schwarzpulverbeschuss	CIP PN
F	Freiwilliger Beschuss	CIP N
Lilie	Stahlschrotbeschuss	CIP Lilie
PTB im Viereck	Handfeuerwaffen, Schussapparate und Einsteckläufe bis 2100 bar höchstzulässigem Gebrauchsgasdruck	CIP T ...
PTB im Kreis	Schreckschuss-, Reizstoff- und Signalwaffen	PTB im Kreis
F im Fünfeck	Waffen bis 7,5 Joule Bewegungsenergie	F im Fünfeck

In Deutschland gibt es für sieben Beschussämter (Hannover, Kiel, Köln, Mellrichstadt, München, Suhl und Ulm) Ortszeichen.

Beschussgesetz

Merke

Die Verwendung oder Überlassung beschusspflichtiger Waffen oder Waffenteile ist verboten.

Der Jäger ist also verpflichtet, den ordnungsgemäßen **Beschuss seiner Waffe zu überprüfen**. Verwendet er eine beschusspflichtige, aber nicht beschossene Waffe, so kann dies die waffenrechtliche Unzuverlässigkeit zur Folge haben.

Die **Beschusspflicht** einer Waffe oder von wesentlichen Teilen **entfällt**, wenn sie ein **anerkanntes Beschusszeichen eines ausländischen Staates** tragen (§ 4 II BeschG).

Voraussetzung ist, dass die Beschusszeichen gegenseitig anerkannt werden. Dies ist bei folgenden Staaten der Fall: Belgien, Chile, Großbritannien, Finnland, Frankreich, Italien, Österreich, Russische Föderation, Slowakische Republik, Spanien, Tschechische Republik, Ungarn und Vereinigte Arabische Emirate.

Kennzeichnung von Munition

Munition muss folgende Kennzeichen tragen:

- Herstellerzeichen auf der Hülse
- Kaliberbezeichnung auf der Hülse (Ausnahme: Randfeuerpatronen, hier wird aus Platzgründen nur die Herstellerkennzeichnung angebracht)
- Hersteller, Fertigungsserie, Zulassung und Bezeichnung der Munition auf der kleinsten Verpackungseinheit
- wiedergeladene Munition muss als solche gekennzeichnet sein

Erläuterungen

Beschussgesetz
Das Beschussgesetz regelt die Prüfung und Zulassung von Feuerwaffen, Böllern, Schussapparaten und Munition im Interesse der Sicherheit von Benutzern und Dritten (vgl. § 1 BeschG). Die bestimmungsgemäße Verwendung soll dabei den Maßstab der Überprüfung darstellen. Erfasst werden alle Gegenstände, bei deren bestimmungsgemäßem Gebrauch Munition verwendet wird. Der Begriff der Feuerwaffen wird im Beschussgesetz definiert (vgl. § 2 I Nr. 1 BeschG). Diese Definition geht der in der Anlage 1 zum WaffG Abschnitt 1 Unterabschnitt 1 vor.

Feuerwaffen müssen beschossen werden, bevor sie in Verkehr gebracht werden (vgl. § 3 BeschG). Von der **Beschusspflicht** erfasst sind auch die höchstbeanspruchten Teile, soweit sie ohne Nacharbeit ausgetauscht werden können. Unter höchstbeanspruchten Teilen versteht § 2 II BeschG die Teile einer Schusswaffe, die dem Gasdruck ausgesetzt sind. Dies sind insbesondere **der Lauf, der Verschluss, das Gehäuse, das Patronen- oder Kartuschenlager, bei Kurzwaffen das Griffstück** etc.

Eine Waffe muss erneut beschossen werden, wenn wesentliche Teile (Lauf, Patronenlager, Verschluss etc.) verändert werden (vgl. § 3 II BeschG).

Beim Beschuss von Feuerwaffen ist beispielsweise zu prüfen, ob die höchtsbeanspruchten Teile der Feuerwaffe der Beanspruchung standhalten (Haltbarkeit), ob Verschlusseinrichtung, Sicherung und Zündeinrichtung einwandfrei arbeiten (Funktionssicherheit) und ob die Abmessungen des Patronen- oder Kartuschenlagers, der Verschlussabstand, die Maße des Übergangs etc. den Nenngrößen einer nach § 14 I Nr. 1 BeschG erlassenen Vorschrift entsprechen (Maßhaltigkeit) (siehe § 5 BeschG).

Ergibt die Beschussprüfung keine Beanstandung und sind Feuerwaffen, Böller und deren höchstbeanspruchte Teile zumindest weißfertig, so sind sie mit dem amtlichen Beschusszeichen zu versehen (§ 6 BeschG). In der Anlage II zur Beschussverordnung ist geregelt, welche Beschusszeichen verwendet werden.

Die Beschusszeichen bestanden bis Oktober 2014 aus dem Bundesadler, einem Kennbuchstaben, dem Ortszeichen des Beschussamtes sowie dem codierten Beschussdatum.

Seit Oktober 2014 bestehen die Beschusszeichen aus der Kennzeichnung CIP und einem Kennbuchstaben, Ortszeichen des Beschussamtes, codiertem Herstellungsland und Beschussjahr (kann codiert sein). Bei Importwaffen muss zusätzlich das Warenzeichen des Importeurs, das Einfuhrjahr (kann codiert sein) und das codierte Einfuhrland angebracht werden.
Die Beschusszeichen vor Oktober 2014 haben weiterhin Gültigkeit.

Ferner sind Waffen mit Angaben über die Herstellerfirma, deren Warenzeichen, die Bezeichnung der Munition sowie einer fortlaufenden Waffennummer zu versehen (vgl. Kennzeichnungspflicht § 24 WaffG). Diese Zeichen sind auf einem wesentlichen Teil (also Lauf, Verschluss oder Patronenlager) der Schusswaffe anzubringen. Auf den anderen wesentlichen Waffenteilen ist der Bundesadler oder CIP mit Kennbuchstaben anzubringen.

Die Verwendung oder Überlassung beschusspflichtiger Waffen oder Waffenteile ist verboten. Der Jäger ist also verpflichtet, den ordnungsgemäßen Beschuss seiner Waffe zu überprüfen. Verwendet er eine beschusspflichtige, aber nicht beschossene Waffe, so kann dies die waffenrechtliche Unzuverlässigkeit zur Folge haben.

Auch Munition muss nach § 24 III WaffG gekennzeichnet werden. Dies dient in erster Linie dem Interesse des Schützen, der vor der Verwendung falscher Munition und den oft gravierenden Folgen bewahrt werden soll. Anhand des Munitionsherstellerzeichens kann nachvollzogen werden, wer für die Munition die Verantwortung trägt, so dass bei Unfällen ein Rückgriff auf den Hersteller möglich ist.

Munition muss folgende Kennzeichen tragen:

- Herstellerzeichen auf der Hülse
- Kaliberbezeichnung auf der Hülse
  (Ausnahme: Randfeuerpatronen, hier wird aus Platzgründen nur die Herstellerkennzeichnung angebracht)
- Hersteller, Fertigungsserie, Zulassung und Bezeichnung der Munition auf der kleinsten Verpackungseinheit
- wiedergeladene Munition muss als solche gekennzeichnet sein (Beachte: wer wiederlädt, gilt als Hersteller)

Lexikon

Anscheinswaffen:
Schusswaffen, die ihrer äußeren Form nach im Gesamterscheinungsbild den Anschein von Feuerwaffen (Anlage 1 Abschnitt 1 Unterabschnitt 1 Nr. 2.1) hervorrufen und bei denen zum Antrieb der Geschosse keine heißen Gase verwendet werden (Anlage 1, Abschnitt 1, Unterabschnitt 1 Nr. 1.6 ff).

Armbrust:
Bogenähnliche Fernwaffe, aus der Pfeile oder Bolzen verschossen werden. Sie stehen den Schusswaffen gleich (vgl. Anlage 1 zum WaffG, Unterabschnitt 1 Nr. 1.2.2.), denn es handelt sich um tragbare Gegenstände, aus denen bestimmungsgemäß feste Körper verschossen werden und deren Antriebsenergie durch Muskelkraft eingebracht wird und durch eine Sperrvorrichtung gespeichert werden kann.

Austauschläufe:
Läufe, die ohne Nacharbeit ausgetauscht werden können.

Automatische Schusswaffen:
Waffen, die nach Schussabgabe automatisch wieder schussbereit werden.

Berechtigungsbescheinigung:
Schriftliche Einverständniserklärung des Sorgeberechtigten und des Ausbildungsleiters, dass ein Jugendlicher, der mindestens 14 Jahre alt ist und sich in der Jägerausbildung befindet, ohne Erlaubnis mit Jagdwaffen auf Schießstätten zu Ausbildungszwecken schießen darf (§ 27 V WaffG).

Beschussprüfung:
Prüfung von Feuerwaffen. Umfasst die Prüfung auf Haltbarkeit, Funktionssicherheit und Maßhaltigkeit (vgl. § 5 BeschG).

Beschusszeichen:
Nachweis des ordnungsgemäßen Beschusses durch ein deutsches Beschussamt oder Zeichen eines anerkannten Staates. Die deutschen Beschusszeichen bestanden bis Oktober 2014 aus dem Bundesadler, einem Kennbuchstaben, dem Ortszeichen des Beschussamtes und dem Beschussdatum. Seit Oktober 2014 bestehen die Beschusszeichen aus der Kennzeichnung CIP und einem Kennbuchstaben, Ortszeichen des Beschussamtes, codiertem Herstellungsland und Beschussjahr (kann codiert sein).

Bei Importwaffen muss zusätzlich das Warenzeichen des Importeurs, das Einfuhrjahr (kann codiert sein) und das codierte Einfuhrland angebracht werden. Die Beschusszeichen vor Oktober 2014 haben weiterhin Gültigkeit.

Bestandteile, wesentliche:
Wesentliche Teile von Schusswaffen und Schalldämpfer stehen den Schusswaffen gleich, für die sie bestimmt sind. Dies gilt auch dann, wenn sie mit anderen Gegenständen verbunden sind und die Gebrauchs-fähigkeit als Waffenteil nicht beeinträchtigt ist oder mit allgemein gebräuchlichen Werkzeugen wiederhergestellt werden kann (Anlage 1 Abschnitt 1, Unterabschnitt 1 Nr. 1.3).

Wesentliche Teile sind
- der Lauf oder Gaslauf;
- der Verschluss;
- das Patronen- oder Kartuschenlager, wenn dieses nicht bereits Bestandteil des Laufes ist;
- das Gehäuse von Kurzwaffen; das Gehäuse ist das Bauteil, welches den Lauf, die Abzugsmechanik und den Verschluss aufnimmt;
- vorgearbeitete wesentliche Teile von Schusswaffen sowie Teile und Reststücke von Läufen und Laufrohlingen, wenn sie mit allgemein gebräuchlichen Werkzeugen fertiggestellt werden können, sind wesentliche Teile.

Führendes wesentliches Teil ist das Gehäuse; wenn dieses aus Gehäuseober- und Gehäuseunterteil zusammengesetzt ist, das Gehäuseunterteil (Griffstück bei Kurzwaffen); wenn kein Gehäuse vorhanden ist, ist der Verschluss führendes wesentliches Teil; wenn kein Verschluss vorhanden ist, ist der Lauf führendes wesentliches Teil.

Teile von Kriegswaffen im Sinne des Gesetzes über die Kontrolle von Kriegswaffen, die nicht vom Gesetz über die Kontrolle von Kriegswaffen erfasst und nachstehend als wesentliche Teile aufgeführt sind sowie Schalldämpfer zu derartigen Waffen werden von diesem Gesetz erfasst.

Schalldämpfer sind Vorrichtungen, die der wesentlichen Dämpfung des Mündungsknalls dienen und für Schusswaffen bestimmt sind.

Lexikon

Böller:
Geräte, die zum Salutschießen bestimmt sind und bei denen Kartuschen, ein Gasgemisch oder verdämmte Ladungen gezündet werden. Auch sie unterliegen der Beschusspflicht (§ 1 BeschG).

Butterflymesser:
Auch Faltmesser. Messer mit zweigeteiltem schwenkbarem Griff; es handelt sich um verbotene Waffen.

Dauerhafte Unbrauchbarmachung:
Schusswaffen sind unbrauchbar gemacht, wenn die zuständige Behörde eines Mitgliedstaates der Europäischen Union für diese Schusswaffen eine Bescheinigung über Deaktivierungsstandards und -techniken, die gewährleisten, dass Feuerwaffen bei der Deaktivierung endgültig unbrauchbar gemacht werden, ausgestellt hat und die zuständige Behörde die Schusswaffen gekennzeichnet hat (Anlage 1, Abschnitt 1, Unterabschnitt 1 Nr. 1.4).

Druckluftwaffen:
Bei Druckluftwaffen wird Luft in einem Druckbehälter komprimiert und gespeichert und dann über ein Ventilsystem zum Geschossantrieb freigegeben.

Einsteckläufe:
Läufe ohne eigenen Verschluss, die in Läufe von Waffen größeren Kalibers gesteckt werden können.

Einstecksysteme:
Einsteckläufe und deren Verschlüsse.

Einzelladerwaffen:
Schusswaffen ohne Magazin mit einem oder mehreren Läufen, die vor jedem Schuss aus demselben Lauf von Hand geladen werden.

Einziehung:
Beschlagnahme von Tatmitteln oder -werkzeugen durch den Staat.

Erweiterter Verfall:
Übergang von Gegenständen des Täters in das Eigentum des Staates.

Elektroimpulsgerät:
Sind Geräte, die unter Ausnutzung einer anderen als mechanischen Energie Verletzungen beibringen (Anlage 1, Abschnitt 1, Unterabschnitt 1 Nr. 1.2.1).

Erbenparagraph:
Regelung für Personen, die infolge eines Erbfalls, gleich ob als Erbe, Vermächtnisnehmer oder durch Auflage Begünstigter in den Besitz erlaubnispflichtiger Schusswaffen gelangen (§ 20 WaffG);
kann kein Bedürfnis geltend gemacht werden, sind Schusswaffen durch ein dem Stand der Technik entsprechendes Blockiersystem zu sichern und ist erlaubnispflichte Munition binnen angemessener Frist unbrauchbar zu machen oder einem Berechtigten zu überlassen.

Europäischer Feuerwaffenpass:
Legitimationsnachweis für Schusswaffen und Munition bei Reisen innerhalb der EU. Muss dem Antragsteller in dessen Heimat-EU-Staat ausgestellt werden. Die mitzunehmenden Waffen und Munition sind darin zu vermerken.

Fahrtenmesser:
Messer mit stumpfem Rücken, die in erster Linie zum Schneiden von Lebensmitteln oder Spalten von Holz verwendet werden, es handelt sich nicht um Hieb- oder Stoßwaffen.

Faltmesser:
(= Butterflymesser) Messer mit zweigeteiltem schwenkbarem Griff.

Faustmesser:
Mit einem quer zur feststehenden oder feststellbaren Klinge verlaufenden Griff, die bestimmungsgemäß in der geschlossenen Faust geführt oder eingesetzt werden, sind verboten.

Ausnahme:
Für Angehörige der leder- oder pelzverarbeitender Berufe und Inhaber einer jagdlichen Erlaubnis (vgl. § 40 III WaffG).

Federdruckwaffen:
Schusswaffen, bei denen entweder Federkraft direkt ein Geschoss antreibt oder ein federbelasteter Kolben in einem Zylinder bewegt wird und ein von dem Kolben erzeugtes Luftpolster das Geschoss antreibt.

Fertigungszeichen:
Zeichen auf kleinster Verpackungseinheit von Munition, welches Hersteller und Fertigungsserie erkennen lässt (§ 24 IV WaffG).

Lexikon

Feuerwaffen:
Waffen, deren Geschosse durch heiße Gase angetrieben werden.

Feuerwaffen i. S. d. Beschussgesetzes:
Zum Einen fallen hierunter Schusswaffen, bei denen Geschosse mittels heißer Gase durch einen Lauf getrieben werden. Zum Anderen versteht man darunter auch Munitionsabschussgeräte, mit denen Munition oder hülsenlose Treibladung abgeschossen werden, aber kein Geschoss durch einen Lauf getrieben wird. Es fallen darunter z. B. Schreckschuss-, Reizstoff- und Signalwaffen.

Funktionssicherheit:
Wurde bisher als Handhabungssicherheit bezeichnet. Es wird insbesondere geprüft, ob die Patrone leicht einzuführen ist, nach dem Schuss einwandfrei herausgezogen werden kann, Schlagbolzen oder Schlagstifte sich leicht in ihren Führungen bewegen, die Sicherung einwandfrei arbeitet und bei Selbstladewaffen der Selbstlademechanismus einwandfrei ist und bei Revolvern die Drehvorrichtung sicher arbeitet.

Garotte:
Gegenstand, der seiner Beschaffenheit und Handhabung nach durch Drosseln geeignet ist, die Gesundheit zu beschädigen.

Gaspistole:
= Reizstoffwaffe

Geladen:
Waffe ist geladen, wenn sich Munition oder Geschosse in der Trommel, dem Magazin oder dem Patronenlager befinden, auch wenn Waffe dabei gesichert oder entspannt ist.

Halbautomaten:
Selbstlader; bei Schuss wird durch Rückstoß oder Teil der Verbrennungsgase der Nachladevorgang aus einem Magazin und das Auswerfen der abgeschossenen Hülse durch einmalige Betätigung des Abzuges selbsttätig ausgelöst; durch einmalige Betätigung des Abzuges kann nur ein Schuss abgegeben werden. Halbautomatische Langwaffen dürfen nach dem § 19 I Nr. 2 c BJG bei der Jagd maximal mit drei Patronen geladen sein. Länderspezifische jagdrechtliche Regelungen sind zu beachten (z. B. JWMG Baden-Württemberg erlaubt maximal fünf Patronen).

Haltbarkeitsprüfung:
Materialprüfung im Rahmen der amtlichen Beschussprüfung von Feuerwaffen, um festzustellen, ob die höchstbeanspruchten Teile einer Feuerwaffe der Beanspruchung bei Verfeuern standhalten (vgl. § 5 I Nr. 1 BeschG).

Hieb - oder Stoßwaffen:
Gegenstände, die ihrem Wesen nach dazu bestimmt sind, unter Ausnutzung der Muskelkraft durch Hieb, Stoß, Stich, Schlag oder Wurf Verletzungen beizubringen.

Höchstbeanspruchte Teile:
Teile einer Schusswaffe, die dem Gasdruck ausgesetzt sind, darunter fallen z. B. Lauf, Verschluss (vgl. § 2 II BeschG).

Jägerparagraph:
§ 13 WaffG. Er enthält die Voraussetzungen für Jäger für den gesetzmäßigen Umgang mit Schusswaffen und Munition.

Kennzeichnungspflicht:
Wer gewerbsmäßig Schusswaffen herstellt oder in den Geltungsbereich dieses Gesetzes verbringt, hat unverzüglich mindestens auf einem wesentlichen Teil der Waffe deutlich sichtbar und dauerhaft folgende Angaben anzubringen:

- den Namen, die Firma oder eine eingetragene Marke eines Waffenherstellers oder Händlers, der im Geltungsbereich dieses Gesetzes eine gewerbliche Niederlassung hat,
- das Herstellungsland (zweistelliges Landeskürzel nach ISO 3166),
- die Bezeichnung der Munition oder, wenn keine Munition verwendet wird, die Bezeichnung der Geschosse,
- bei Importwaffen zusätzlich das Einfuhrland (Landeskürzel nach ISO 3166) und das Einfuhrjahr und
- eine fortlaufende Nummer (Seriennummer).

Die Seriennummer nach Satz ist bei zusammengesetzten Langwaffen auf dem Lauf und bei zusammengesetzten Kurzwaffen auf dem Griffstück anzubringen.
Die Kennzeichnungspflicht gilt nur für Schusswaffen, die ab dem 1. April 2008 hergestellt, auf Dauer erworben oder in den Geltungsbereich des Gesetzes verbracht werden.

Lexikon

Kleiner Waffenschein:
Der Kleine Waffenschein nach § 10 IV S. 4 WaffG berechtigt den Inhaber zum Führen von Signal-, Reizstoff- und Schreckschusswaffen, welche das PTB-Prüfzeichen (= Physikalisch-Technische Bundesanstalt) aufweisen. Bei der Erteilung wird nur geprüft, ob der Antragsteller zuverlässig im Sinne des § 5 WaffG und persönlich geeignet im Sinne des § 6 WaffG ist.

Knallkartusche:
Hülsen mit Treibladungen, die keine Geschosse enthalten; darunter fallen Gas-, Schreckschuss- und Platzpatronen, bei denen nur ein Knall erzeugt wird.

Kurzwaffen:
Schusswaffen, deren Lauf und Verschluss in geschlossenem Zustand insgesamt kürzer als 30 cm sind, wobei die kürzeste bestimmungsgemäß verwendete Gesamtlänge 60 cm unterschreitet.

Langwaffen:
Schusswaffen, deren Lauf und Verschluss in geschlossenem Zustand insgesamt länger als 30 cm sind, wobei die kürzeste bestimmungsgemäß verwendete Gesamtlänge 60 cm überschreitet.

Maßhaltigkeitsprüfung:
Prüfung, ob Abmessungen des Patronen- oder Kartuschenlagers, der Verschlussabstand, die Maße des Obergangs etc. den Nenngrößen einer nach § 14 I Nr. 1 BeschG erlassenen Vorschrift entsprechen (Maßhaltigkeit; siehe dazu § 5 BeschG).

Mitnehmen:
Vorübergehend, ohne Besitzwechsel zum Zweck der Verwendung (Jagdreise).

Molotow-Cocktails:
Tragbare Gegenstände, bei denen leicht entflammbare Stoffe (z. B. Benzin oder Benzin-Ölgemische) verteilt und entzündet werden, so dass schlagartig ein Brand entsteht.

Munitionserwerbsschein:
Schriftliche Erlaubnis zum Erwerb und Besitz von Munition, sofern dies nicht schon in eine WBK eingetragen ist (§ 10 III WaffG). Es wird zwischen Erwerbs- und Besitzerlaubnis unterschieden. Die Erlaubnis zum Erwerb der Munition gilt für sechs Jahre, die Besitzerlaubnis gilt unbefristet.

Nachtsichtvorsatz- und Nachtsichtaufsatzgeräte:
Nachtsichtvorsatz- und Nachtsichtaufsatzgeräte für ein Zielhilfsmittel (Zielfernrohr) die einen Bildwandler oder eine elektronische Verstärkung besitzen ermöglichen die Jagd zur Nachtzeit. Nur Inhaber eines gültigen Jagdscheins dürfen waffenrechtlich Umgang mit Nachtsichtvorsätzen und Nachtsichtaufsätzen haben. Jagdrechtliche Verbote oder Beschränkungen der Nutzung von Nachtsichtvorsatzgeräten und Nachtsichtaufsätzen bleiben unberührt. Einrichtungen die das Ziel beleuchten und Nachtzielgeräte sind weiterhin verboten.

Perkussionswaffen:
Einläufige Einzelladerwaffe mit Zündhütchenzündung.

PTB-Zeichen:
Zeichen der Physikalisch-Technische Bundesanstalt.

Pumpgun:
Vorderschaftrepetierflinten. Wenn Anstelle des Hinterschaftes ein Kurzwaffengriff vorhanden ist oder die Waffengesamtlänge in der kürzest möglichen Verwendungsform weniger als 95 cm oder die Lauflänge weniger als 45 cm beträgt, sind sie verboten.

Reizstoffsprühgerät:
Gegenstand, aus dem Reizstoffe versprüht oder ausgestoßen werden können und die eine Reichweite bis zu 2 m haben.

Repetierwaffen:
Schusswaffen, bei denen nach Schussabgabe durch einen von Hand zu betätigenden Mechanismus aus einem Magazin Munition / eine Patrone in das Patronenlager nachgeladen wird.

Schalldämpfer:
Vorrichtungen für Schusswaffen zur wesentlichen Dämpfung des Mündungsknalls. Inhaber eines gültigen Jagdscheins dürfen Schalldämpfer erwerben und besitzen, wenn diese ausschließlich mit für die Jagd zugelassenen Langwaffen für Munition mit Zentralfeuerzündung im Rahmen der Jagd und des jagdlichen Übungsschießens verwendet werden.
Für den Erwerb, Besitz und die Aufbewahrung gelten die gleichen Vorschriften wie für Langwaffen.

Lexikon

Schussbereit:
Eine Waffe ist schussbereit, wenn sie geladen ist, das heißt, dass Munition oder Geschosse in der Trommel, im in die Waffe eingefügten Magazin oder im Patronen- oder Geschosslager sind, auch wenn sie nicht gespannt ist.

Springmesser:
Messer, deren Klingen auf Knopfdruck oder Hebeldruck hervorschnellen und festgestellt werden können (Anlage 1 Abschnitt 1 Unterabschnitt 2 Nr. 2.1.1.).

Tatsächliche Gewalt:
Möglichkeit, nach eigenem Willen auf eine Waffe oder Munition zugreifen zu können, mit ihr umzugehen oder sie benutzen zu können.

Transport:
Beförderung nicht zugriffsbereit und nicht schussbereit und von Bedürfnis umfasstem Zweck.

Totschläger:
Biegsamer Gegenstand, dessen Ende durch Metall beschwert ist.

Verbrechen:
Vorsätzliche Straftat, die mit mindestens einem Jahr Freiheitsstrafe bewehrt ist.

Verbringen:
Transport von Waffen oder Munition über die Grenze zum dortigen Verbleib oder mit dem Ziel des Besitzwechsels.

Vollautomaten:
Langwaffen, bei denen nach einem Schuss durch Rückstoß oder einen Teil der Verbrennungsgase der Nachladevorgang aus einem Magazin, das Auswerfen der abgeschossenen Hülse und der nächste Schuss selbsttätig ausgelöst werden, heißen Vollautomaten. Das Schießen dauert solange, bis der Abzug der Waffe losgelassen wird oder das Magazin leergeschossen ist.

Waffenbesitzkarte:
Höchstpersönliche, behördliche Erlaubnis zum Erwerb und Besitz von Waffen und Munition.

Waffenschein:
Erlaubnis zum Führen einer erlaubnispflichtigen Schusswaffe.

Wechselläufe:
Läufe, die für eine bestimmte Waffe zum Austausch vorgefertigt sind und in diese eingepasst werden müssen.

Wechselmagazine:
Verboten sind Wechselmagazine für Kurzwaffen für Zentralfeuermunition, die mehr als 20 Patronen des kleinsten nach Herstellerangabe bestimmungsgemäß verwendbaren Kalibers aufnehmen können sowie Wechselmagazine für Langwaffen für Zentralfeuermunition, die mehr als zehn Patronen des kleinsten nach Herstellerangabe bestimmungsgemäß verwendbaren Kalibers aufnehmen können. Ein Wechselmagazin, das sowohl in Kurz- als auch in Langwaffen verwendbar ist, gilt als Magazin für Kurzwaffen, wenn nicht der Besitzer gleichzeitig über eine Erlaubnis zum Besitz einer Langwaffe verfügt, in der das Magazin verwendet werden kann. Sowie Magazingehäuse für diese Wechselmagazine (Anlage 2, Abschnitt 1 Nr. 1.2.4.3 ff).

Wechseltrommel:
Trommeln für bestimmtes Revolvermodell, welche ohne Nacharbeit eingepasst werden können.

Weißfertig:
Waffen, Geräte oder Teile sind weißfertig, wenn alle materialschwächenden und verändernden Arbeiten, ausgenommen Gravurarbeiten, beendet sind.

Wesentliche Teile:
Wesentliche Teile einer Schusswaffe sind Lauf, Verschluss, Patronenlager und das Gehäuse von Kurzwaffen.

Wurfstern:
Sternförmiger Gegenstand, der zum Wurf auf ein Ziel bestimmt und geeignet ist, die Gesundheit zu beschädigen.

Zugriffsbereit:
Eine Schusswaffe ist zugriffsbereit, wenn sie unmittelbar in Anschlag gebracht werden kann. Sie ist nicht zugriffsbereit, wenn sie in einem verschlossenen Behältnis mitgeführt wird.

heintges

Waffenrechtliche und beschussrechtliche Vorschriften

Die aktuellen waffenrechtlichen und beschussrechtlichen Vorschriften können in folgenden Quellen nachgelesen werden:

Allgemeine Verwaltungsvorschrift zum Waffengesetz:

Allgemeine Waffengesetzverordnung:

Waffengesetz:

Beschussgesetz: